Vorwort 2 // Fitness-Test 4 // Woche 1–3 6 // Zwischen-Check 48 // Woche 4–6 50 // Ausblick 92 // Zum Nachschlagen 95 // Impressum 96

MONTAG Für den Bauch 7	ab Seite 6	ab Seite 50	MONTAG Für den Bauch 51
DIENSTAG Für die Beine 9			DIENSTAG Für die Beine 53
MITTWOCH Für den Po 11			MITTWOCH Für den Po 55
DONNERSTAG Für Brust und Rücken 13	1	4	DONNERSTAG Für Brust und Rücken 57
FREITAG Für die Arme 15			FREITAG Für die Arme 59
SAMSTAG Workout-Zirkel 17			SAMSTAG Workout-Zirkel 61
SONNTAG Zur Entspannung 19	Woche	Woche	SONNTAG Zur Entspannung 63
MONTAG Für den Bauch 21	ab Seite 20	ab Seite 64	MONTAG Für den Bauch 65
DIENSTAG Für die Beine 23			DIENSTAG Für die Beine 67
MITTWOCH Für den Po 25			MITTWOCH Für den Po 69
DONNERSTAG Für Brust und Rücken 27	2	5	DONNERSTAG Für Brust und Rücken 71
FREITAG Für die Arme 29			FREITAG Für die Arme 73
SAMSTAG Workout-Zirkel 31			SAMSTAG Workout-Zirkel 75
SONNTAG Zur Entspannung 33	Woche	Woche	SONNTAG Zur Entspannung 77
MONTAG Für den Bauch 35	ab Seite 34	ab Seite 78	MONTAG Für den Bauch 79
DIENSTAG Für die Beine 37			DIENSTAG Für die Beine 81
MITTWOCH Für den Po 39			MITTWOCH Für den Po 83
DONNERSTAG Für Brust und Rücken 41	3	6	DONNERSTAG Für Brust und Rücken 85
FREITAG Für die Arme 43			FREITAG Für die Arme 87
SAMSTAG Workout-Zirkel 45			SAMSTAG Zur Entspannung 89
SONNTAG Zur Entspannung 47	Woche	Woche	SONNTAG Workout-Zirkel 91

Inhalt 1

IN SECHS WOCHEN ZUR SUPERFIGUR

Schön soll er sein, stark und wohl geformt – unser Körper. Die Erfolgsformel dafür halten Sie gerade in den Händen: Mit einem ausgeklügelten **Fitness-Programm** tanken Sie **jeden Tag neue Kraft und Lebensfreude.** Schritt für Schritt verändern Sie so Ihre Lebensweise, ohne sich zu überfordern oder den Spaß am Training zu verlieren. **Machen Sie Schluss mit langweiliger Routine** und dem ewigen Kampf gegen den inneren Schweinehund. Steigen Sie ein in Ihr persönliches **Wohlfühlprogramm für mehr Power** und einen **schlankeren Körper.**

Sicher, es ist nicht einfach, **alte Gewohnheiten** abzulegen. Mit der richtigen Einstellung lassen sie sich jedoch durch neue und bessere ersetzen. Forscher haben herausgefunden, dass dieser **Umlernprozess** durchschnittlich 21 bis 28 Tage dauert. So lange braucht das Gehirn, um **neue Verhaltensmuster** zu erlernen. Ist das Neue dann erst einmal zur Gewohnheit geworden, können Sie es ohne viel Aufwand in die Tat umsetzen. Aus einem schmalen Trampelpfad wird so mit der Zeit ein neuer Lebensweg.

Damit Sie am Ball bleiben und täglich etwas für **Gesundheit und Fitness** tun, finden Sie in diesem **BBP-Trainer** jeden Tag neue knackige Workouts, praktische **Tipps und informative Anregungen,** wie Sie Ihr Leben aktiver und effektiver gestalten können. Ganz nebenbei können Sie dabei auch noch alte Ernährungsgewohnheiten über Bord werfen (alle **Rezepte** sind für eine Person berechnet). Denn Sie lernen, wie Sie mit Genuss und Lebensfreude eine **gute Figur** machen. Wer abnehmen will, muss nämlich nicht in erster Linie weniger, sondern vor allem gesünder und bewusster essen. So **schmelzen** die überflüssigen **Pfunde** zwar vielleicht ein bisschen langsamer, dafür aber dauerhaft.

Kampf den Speckröllchen – mit dem richtigen Programm wird Ihr Wunschgewicht endlich Wirklichkeit.

Starten Sie in ein bewegtes Leben

Warum gerade sechs Wochen? Nach dieser Zeit hat sich Ihr Körper an das Training angepasst und eine gute **Fitness-Basis** erlangt. Er fühlt sich straffer, stärker und energiegeladener an.

So funktioniert's

- Gleich zu Beginn bestimmen Sie mit einem kurzen **Test** Ihren persönlichen **Kraftlevel.** Er zeigt Ihnen, wie viel Power tatsächlich in Ihren Muskeln steckt. So können Sie noch gezielter an Ihren Schwachstellen arbeiten.

- Auf den anschließenden Seiten folgen die **30 besten Übungs-Duos** für einen schlanken Body und die weiblichen Problemzonen Nummer eins: Bauch, Beine, Po. Sechs Wochen lang finden Sie an fünf Tagen je ein Übungspaar für straffe Muskeln und knackige Konturen. Jeden sechsten Tag kombinieren Sie die Wochenübungen zu einem **Kurz-Workout.** Am siebten Tag belohnen Sie sich mit **Entspannungsübungen.**

- Täglich ermitteln Sie anhand der Skala auf den Übungsseiten die subjektive **Belastungsintensität.** Von 1 (sehr leicht) über 3 (etwas anstrengend) bis 6 (sehr schwer). Der Wert kann von Tag zu Tag variieren.

- Auf der Rückseite der Kalenderblätter finden Sie jeden Tag Tipps zu Fitness, Ernährung und Entspannung. So gewinnen Sie schnell an **Vitalität** und finden zu Ihrem **Wunschgewicht** – ganz ohne Kalorienzählen.

- Nach drei Wochen ist es an der Zeit, mit einem erneuten **Fit-Check** Bilanz zu ziehen und die Trainingsintensität durch neue Übungen zu verschärfen. Das fördert das Muskelwachstum und **verhindert Langeweile.**

Woche für Woche zum neuen Wohlfühl-Body!

| Woche 1 | Woche 2 | Woche 3 | Woche 4 | Woche 5 | Woche 6 |

 # WIE FIT SIND SIE WIRKLICH?

Stellen Sie sich dem fünfteiligen Test – und Sie erfahren im Handumdrehen Ihren aktuellen Fitness-Zustand. Wiederholen Sie den Check-up noch einmal zur Halbzeit des Programms und ein weiteres Mal nach sechs Wochen. Sie werden sehen: Der Erfolg lässt nicht auf sich warten.

Erwünscht: Eine straffe Taille

› Sie liegen auf der rechten Seite und drücken den Körper mit dem rechten Unterarm nach oben. Beine, Rumpf und Kopf bilden eine Linie. Versuchen Sie, das obere Bein abzuspreizen. Wie lange schaffen Sie es? Seite wechseln und die niedrigere Punktzahl notieren.

3 Punkte: Mindestens 5 Sekunden
2 Punkte: 5 Sekunden und mehr, Bein nicht gespreizt
1 Punkt: Sie mussten sich mit dem linken Arm vor dem Körper abstützen.

Gefragt: Starke Arme, schöne Brust

› Gehen Sie in den Kniestütz. Setzen Sie die Hände neben den Schultern auf, richten Sie die Ellbogen nach außen und halten Sie den Rücken gerade. Versuchen Sie nun, in 30 Sekunden so viele Liegestütze wie möglich zu machen. Zählen Sie nur diejenigen, die Sie korrekt ausführen.

3 Punkte: 25 und mehr Liegestütze
2 Punkte: 15 bis 24 Liegestütze
1 Punkt: 3 bis 14 Liegestütze

Ein paar Regeln vorab

1. Ehe Sie mit dem Test starten, müssen Sie sich 5 bis 8 Minuten aufwärmen. Laufen Sie dazu auf der Stelle, tanzen Sie, steigen Sie Treppen – alles ist erlaubt, was die Muskeln auf Trab bringt.

2. Machen Sie zwischen den Übungen jeweils 3 bis 5 Minuten Pause, um neue Kraft zu sammeln.

3. Bitten Sie Ihren Partner oder eine Freundin Ihnen zu assistieren. Dann können Sie sich voll auf die Übungsausführung konzentrieren. Das gewährleistet ein objektives Ergebnis und steigert gleichzeitig die Motivation.

Begehrt: Eine starke Mitte

› Sie liegen auf dem Rücken und stellen die Füße auf. Die Arme liegen neben dem Körper, die Handflächen zeigen nach unten. Lösen Sie den Po vom Boden, bis Ihr Körper von den Knien bis zu den Schultern eine Linie bildet. Heben Sie eventuell ein Bein und halten Sie die Position 10 Sekunden.

3 Punkte: Po und Bein in der Luft
2 Punkte: Po angehoben
1 Punkt: Früher abgebrochen

Willkommen: Ein flacher Bauch

› Bleiben Sie mit angewinkelten Beinen auf dem Rücken liegen. Ziehen Sie die Zehen zur Decke. Lösen Sie Kopf, Schultern und Schulterblätter ohne Schwung vom Boden und schieben Sie das Brustbein nach oben. Halten Sie die Position 10 Sekunden, ehe Sie die Spannung wieder lösen.

3 Punkte: Ohne Probleme geschafft
2 Punkte: Mit Anstrengung geschafft
1 Punkt: Früher abgebrochen

Sexy: Straffe Beine

› Stellen Sie sich aufrecht hin, die Füße stehen etwa schulterbreit auseinander. Beugen Sie die Knie, bis sich die Oberschenkel parallel zum Boden befinden. Wie lange können Sie diese Position halten?

3 Punkte: Mindestens 30 Sekunden
2 Punkte: Nach 20 Sekunden beginnen die Beine leicht zu zittern.
1 Punkt: 10 Sekunden sind um, das reicht.

Addieren Sie die Ergebnisse der einzelnen Tests und ermitteln Sie dann Ihren aktuellen Fitness-Level.

Level A   0–5   Die beste Nachricht vorweg: Wer auf diesem Niveau einsteigt, macht die schnellsten Fortschritte. Allerdings ist es wirklich allerhöchste Zeit, dass Sie etwas für Ihre Fitness tun und Ihre Muskeln aus dem Dauerschlaf erwecken. Doch mit konsequentem Training können Sie Ihr Level in kurzer Zeit deutlich steigern.

Level B   6–11   Klasse Ergebnis, auf dieser Basis können Sie prima aufbauen. Nach zwei bis drei Wochen starten Sie dann richtig durch und ergänzen Ihr Programm um eine Ausdauersportart. Zusammen mit dem neuen Lebensstil schließen Sie dadurch an die Spitzengruppe auf. Trainieren Sie regelmäßig und achten Sie auch im Alltag auf ausreichend Bewegung.

Level C   12–15   Glückwunsch, Sie haben die Nase bereits weit vorn und ein bärenstarkes Ergebnis erzielt. Ihre Muskeln sind schon hervorragend ausgebildet. Nutzen Sie Ihr Potenzial! Wenn Sie Ihre Fitness weiter halten und mit dem 6-Wochen-Plan gleichmäßig steigern, wird Ihnen Ihr Körper ein Leben lang voller Kraft zur Seite stehen.

Mit dem Bauch entscheiden Ärger schlägt auf den Magen, Stress lähmt den Darm. Kein Wunder bei den wechselseitigen Verbindungen zwischen der Kommandozentrale im Kopf und den rund 100 Millionen Nervenzellen im Bauchraum. Hören Sie ruhig häufiger auf Ihren Bauch, weil das logische Kopfdenken wichtige Details oft nicht erfassen kann. Eine bewusste Einstellung zur inneren Mitte macht Sie also nicht nur entspannter und schöner, sondern auch cleverer.

Routine entwickeln! Damit Sie am Ball bleiben, bauen Sie die Übungen fest in Ihren Tages- beziehungsweise Wochenablauf ein. Ideal ist es, wenn Sie immer zur selben Zeit und am selben Ort trainieren – beispielsweise immer morgens gleich nach dem Zähneputzen oder wenn die Kinder auf dem Schulweg sind. Wer in der Früh nicht genug Elan hat, trainiert direkt nach dem Job, bevor es auf der Couch allzu gemütlich wird.

So geht der Appetit baden Trinken Sie ab jetzt jeden Tag zwei bis drei Liter Wasser oder ungesüßte Kräuter- und Früchtetees. Denn wer nicht genug trinkt, reduziert seinen Stoffwechsel. Und allein das macht im Jahr zwei bis drei Kilo mehr auf den Rippen aus. Mit viel Flüssigkeit helfen Sie Ihren Nieren zudem beim Entgiften. Ballaststoffe aus der Nahrung passieren den Darm leichter, die Haut wird rosig und straff. Schön(st)er Nebeneffekt: Trinken bremst den Hunger.

Für den Bauch

★ Schulterblätter vom Boden lösen

Level A 8–12 x   B 12–15 x   C 15–20 x

★ Schultergürtel bleibt am Boden

Level A 10–12 x   B 12–15 x   C 15–20 x

Basic Crunch

_Ausgangsposition:
> Legen Sie sich mit angewinkelten Beinen auf den Rücken und drücken Sie die Fersen in den Boden.
> Strecken Sie Ihre Arme seitlich am Oberkörper aus. Die Handflächen zeigen nach unten.

_Bewegung:
> Spannen Sie Ihre Bauchmuskulatur an, indem Sie versuchen, die unteren Rippen dem Beckenknochen anzunähern und die Arme in Richtung der Waden zu führen. Dadurch bewegt sich der Oberkörper nach oben und die Schulterblätter lösen sich vom Boden. Achten Sie darauf, dass Ihr Kopf immer den gleichen Abstand zum Körper hat.
> Die Position kurz halten, dann langsam wieder abrollen. Erneut aufrichten.

_Variante:
So wird's schwerer: Nehmen Sie die Hände an die Schläfen.

Bauchtwist

_Ausgangsposition:
> Sie liegen weiterhin auf dem Rücken. Heben Sie die Füße an: Hüfte und Oberschenkel bilden einen rechten Winkel, die Unterschenkel sind ebenfalls um 90 Grad gebeugt.
> Strecken Sie die Arme zur Seite. Die Handflächen liegen auf dem Boden.

_Bewegung:
> Senken Sie beide Beine langsam zur linken Seite ab, bis das untere Bein fast den Boden berührt.
> Ohne eine Pause zu machen, heben Sie dann die Beine wieder an und führen sie zur rechten Seite.
> Dann geht es ohne Pause wieder nach links.

_Variante:
So wird's schwerer: Strecken Sie die Beine, um die Intensität zu steigern.

Bitte ankreuzen von 1 (sehr leicht) bis 6 (sehr schwer).

Woche 1

Zeit für sich Versuchen Sie, täglich eine Stunde oder einen Tag pro Woche nur für sich zu reservieren. In dieser Zeit tun Sie das, wonach Ihnen gerade der Sinn steht: ein spannendes Buch lesen, eine neue Yoga-Übung lernen oder ein langes Telefonat mit der Freundin führen. Aus solchen Auszeiten ziehen Sie Kraft für den Alltag. Denken Sie über das Glück nach, das Ihnen zuteil wird. Genießen Sie die Zeit allein.

Akzeptieren Sie Ihren Körper Ausschlaggebend für Ihren Erfolg: Selbstbewusstsein. Das feste Vertrauen darauf, dass Sie es schaffen werden – ganz bestimmt. Akzeptieren Sie sich so, wie Sie jetzt und heute sind. Denn nur wenn Sie Ihren Körper als Freund betrachten, können Ihre »fitten« Gedanken optimal wirken.

Essfallen entschärfen Es ist nicht die Weihnachtsgans, die dick macht, und auch nicht das Eis in der Sommerhitze. Denn nicht der eine Festtag zählt, sondern die restlichen 364 Tage. Falsche Essgewohnheiten beliefern die Fettzellen das ganze Jahr über und sorgen so für überflüssige Pfunde. Entlarven Sie von nun an Ihre Essfallen und machen Sie sich auf die Suche nach gesünderen Alternativen. Schon kleine Änderungen haben eine große Wirkung.

Für die Beine

Rücken ★ behält seine natürliche Krümmung

Level A 10–15 x | B 15–20 x | C 20–25 x

★ Becken ist aufgerichtet

Level A 15–20 x | B 20–25 x | C 25–30 x

Squats

_Ausgangsposition:
> Sie stehen aufrecht vor einem Stuhl. Die Füße sind hüftbreit auseinander.
> Halten Sie den Rücken gerade und stützen Sie die Hände in die Hüfte. Ihr Blick geht geradeaus.

_Bewegung:
> Gehen Sie langsam in die Hocke, als wollten Sie sich auf den Stuhl setzen. Schieben Sie dabei die Knie nicht nach vorn, sondern den Po nach hinten. Berühren Sie die Stuhlkante nur leicht, setzen Sie sich nicht darauf.
> Beim Ausatmen die Beine mit Druck wieder aufrichten. Das Brustbein zeigt dabei nach vorn. Strecken Sie die Knie nicht ganz durch, sondern halten Sie sie leicht gebeugt.

_Variante:
So wird's leichter: Lassen Sie die Arme in der Ausgangsposition locker seitlich am Köper herabhängen. Mit dem Beugen strecken Sie sie dann geradeaus auf Schulterhöhe.

Seitenlift

_Ausgangsposition:
> Stellen Sie sich gerade hin. Stützen Sie sich mit der linken Hand auf einer Stuhllehne ab.
> Halten Sie den Kopf in Verlängerung der Wirbelsäule. Blicken Sie nach vorn.
> Verlagern Sie das Gewicht auf das linke Bein.

_Bewegung:
> Beugen Sie das Standbein leicht und heben Sie den rechten Fuß. Die Zehenspitzen zeigen nach vorn.
> Spreizen Sie dann das rechte Bein langsam seitlich ab und heben Sie es so weit es geht an, ohne die Hüfte aufzudrehen. Halten Sie die Position am höchsten Punkt kurz.
> Senken Sie das Bein wieder und heben Sie es gleich wieder an, ohne es zwischendurch am Boden aufzusetzen.
> Nach einem Satz Wiederholungen wechseln Sie die Seite.

| 1 | 2 | 3 | 4 | 5 | 6 | Bitte ankreuzen von 1 (sehr leicht) bis 6 (sehr schwer).

Woche 1

Entspannen Sie sich Stress ist einer der größten Dickmacher, denn unser Körper speichert dann reichlich Fett. Grund: Sind wir gestresst, wird das Hormon Cortisol freigesetzt, das die Fettverbrennung hemmt. Gönnen Sie sich daher regelmäßig Entspannungsübungen. Fangen Sie am besten gleich an: Spannen Sie alle Muskeln Ihres Körpers zwei bis drei Sekunden so fest Sie können an. Dann lassen Sie sie wieder locker. Mindestens fünfmal wiederholen.

Trainieren Sie mit Ihrem Körper

Ermitteln Sie täglich mit Hilfe der Skala auf den Übungsseiten die subjektive Belastungsintensität der Übungen: 1 = sehr leicht, 2 = leicht, 3 = etwas anstrengend, 4 = anstrengend, 5 = schwer, 6 = sehr schwer. In den ersten drei Wochen sollten Sie sich bei Stufe 3 oder 4 einordnen können.

Gesunde Ernährung – ganz einfach Gemüse, Obst, vollwertige Getreideprodukte und Kartoffeln sollten die sättigende Basis Ihrer Ernährung bilden. Milchprodukte, mageres Fleisch und Fisch dagegen kommen zwar auch täglich auf den Tisch, aber nur als Beiwerk. Ein bisschen Fett muss sein. Messen Sie es jedoch immer genau ab. Auch Süßes ist nicht absolut verboten. Hin und wieder dürfen Sie Gummibärchen und Schokolade ganz bewusst genießen. Setzen Sie Ihr Wissen ab heute um und kaufen Sie entsprechend ein.

Für den Po

Oberschenkel ★ und Oberkörper bilden eine Linie

Level A | 10–15 x | B | 15–20 x | C | 20–25 x

Bauch ★ anspannen

Level A | 20 x | B | 30 x | C | 40 x

Poheben

_Ausgangsposition:
> Legen Sie sich auf den Rücken. Die Arme liegen neben dem Körper. Die Handflächen zeigen nach unten.
> Beugen Sie die Beine und stellen Sie die Sohlen ganz auf den Boden. Die Füße befinden sich unter den Knien.

_Bewegung:
> Heben Sie das Becken an, bis Oberschenkel und Rumpf eine gerade Linie bilden. Der Winkel zwischen den Ober- und Unterschenkeln sollte etwa 45 Grad betragen.
> Den Po fest zusammenkneifen und bis 10 zählen.
> Lösen Sie die Spannung und senken Sie den Po langsam wieder ab, ohne ihn jedoch ganz abzusetzen.
> Wieder nach oben gehen.

_Variante:
So wird's schwerer: Klemmen Sie ein zusammengerolltes Handtuch zwischen die Knie.

Po-Gym

_Ausgangsposition:
> Stellen Sie sich hinter einen Stuhl und halten Sie sich mit den Händen locker an der Lehne fest. Beide Hüftknochen sind parallel zur Lehne – auch während der Übung.
> Das linke Standbein ist leicht gebeugt. Das rechte Bein im Kniegelenk so anwinkeln, dass Unter- und Oberschenkel einen 90-Grad-Winkel bilden. Der Bauch bleibt während der gesamten Übung angespannt.

_Bewegung:
> Heben Sie jetzt das rechte Bein ein Stückchen weiter an, bis Sie das Gefühl haben, der Po ist vollkommen angespannt. Dabei zeigen beide Hüftknochen weiter nach vorn. Wichtig: Nicht der Bewegungsumfang, sondern die Muskelkontraktion entscheidet.
> Das gebeugte Bein langsam heben und senken.
> Nach jedem Satz Wiederholungen wechseln Sie das Bein.

Bitte ankreuzen von 1 (sehr leicht) bis 6 (sehr schwer).

| 1 | 2 | 3 | 4 | 5 | 6 |

Woche 1

Schluss mit Verspannungen Massieren Sie Ihre Nackenmuskeln viermal von den Ohren ausgehend entlang dem Schädelknochen, bis sich die Hände im Nacken treffen. Anschließend legen Sie Mittel- und Zeigefinger an die Schläfen und massieren in der Mitte mit den Fingern jeweils 30 Sekunden kreisförmig.

Spaß muss sein Werfen Sie jede Woche eine alte Angewohnheit über Bord. Mit der Zeit wird es Ihnen immer mehr Spaß machen, ungewohnte Dinge zu tun. Sie fühlen sich jünger und aktiver. Probieren Sie es einfach aus: Walken Sie eine Runde bei Sonnenauf- oder -untergang. Entdecken Sie Ihr Stadtviertel mit dem Fahrrad. Oder gehen Sie aus Neugier mal zum Bio-Bäcker ein paar Straßen weiter.

Orientalisches Müsli je 1/2 Banane und Apfel | je 1 getrocknete Feige und Dattel | 4 EL Vollkornhaferflocken | 75 g Magerquark | 125 ml fettarme Milch | 1 Prise Zimt | 1 Msp. Nelkenpulver | 1 TL Rosinen

1 Banane und Apfel in Würfel schneiden. Feige und Dattel ebenfalls fein hacken.

2 Vollkornflocken mit Quark und Milch mischen. Mit Zimt und Nelkenpulver verfeinern. Rosinen einrühren.

3 Die Fruchtwürfel darüber streuen.

Für Brust und Rücken

*Arme auf Schulterhöhe halten

Level A | 10–15 x | B | 15–20 x | C | 20–25 x

Kopf* und Rücken bilden eine Linie

Level A | 8–12 x | B | 12–15 x | C | 15–20 x

Stehende Butterflys

_Ausgangsposition:
› Sie stehen aufrecht, die Beine sind schulterweit gegrätscht. In beiden Händen halten Sie je eine Kurzhantel.
› Heben Sie die Gewichte seitlich bis auf Schulterhöhe an.
› Beugen Sie die Ellbogengelenke bis zur Senkrechten – die Arme sind jetzt in der so genannten U-Haltung.

_Bewegung:
› Führen Sie die Arme in einer Halbkreisbewegung kraftvoll vor dem Körper zusammen. Die Arme bleiben dabei stets auf Schulterhöhe, die Unterarme sind weiter angewinkelt.
› Kurz bevor die Hanteln zusammentreffen, spannen Sie die Brustmuskulatur noch einmal bewusst an.
› Dann führen Sie die Arme langsam wieder zurück.

_Variante:
So wird's schwerer: Aus der Endposition die Unterarme bis über Schulterhöhe anheben, dann erst senken.

Vorgebeugter Lift

_Ausgangsposition:
› Machen Sie mit dem linken Bein einen Ausfallschritt. Die Füße stehen etwas mehr als hüftbreit auseinander. In jeder Hand halten Sie eine Hantel.
› Senken Sie aus dieser Position den Oberkörper nach unten ab, bis das rechte Knie den Boden berührt und das linke um 90 Grad gebeugt ist.

_Bewegung:
› Lehnen Sie nun den Oberkörper schräg nach vorn. Das Brustbein ist dabei angehoben.
› Heben Sie die Arme seitlich bis auf Schulterhöhe an. Führen Sie dabei die Schulterblätter so weit wie möglich zusammen. Die Ellbogen bleiben etwas gebeugt. Kopf und Rücken bilden eine Linie. Achten Sie auch darauf, dass die Handgelenke eine Linie mit dem Unterarm bilden und nicht nach oben oder unten abknicken.
› Arme langsam wieder absenken.

Bitte ankreuzen von 1 (sehr leicht) bis 6 (sehr schwer).

| 1 | 2 | 3 | 4 | 5 | 6 |

Woche 1

Kraft des Unterbewusstseins Malen Sie sich aus, wie Sie aussehen, wenn Sie Ihr Ziel erreicht haben. Stellen Sie sich den fittesten Menschen vor. Visualisieren Sie ein vollständiges Profil – einschließlich Mimik und Gedanken. Betrachten Sie von jetzt an das Leben mit den Augen dieses glücklichen Menschen. Warum das wirkt? Wenn wir unserem Unterbewusstsein ein Ziel vorgeben, sucht es nach Wegen, um dieses zu verwirklichen.

Ruheinseln Gehen Sie den Tag ruhig an. Wie? Stehen Sie zum Beispiel eine halbe Stunde früher auf oder verschieben Sie den Großputz vom Feierabend aufs Wochenende. So bleibt Ihnen neben dem Büroalltag genug Muße für andere Dinge.

Öfter mal was Neues Je häufiger Sie frisches Obst und Gemüse essen, desto besser wird es Ihnen schmecken. Und je öfter Sie sich einem ungewohnten Geschmack aussetzen, desto offener und neugieriger werden Sie. Stachelbeeren, rote Linsen, Koriander – bringen Sie eine Woche lang täglich etwas Unbekanntes auf Ihren Tisch. Auf diese Weise verbessern Sie nicht nur Ihre Vitaminversorgung, sondern erweitern auch Ihren kulinarischen Spielraum.

Für die Arme

* Ellbogen parallel halten

Level A 8–12 x B 12–15 x C 15–20 x

* Arme stets unter Spannung halten

Level A 8–12 x B 12–15 x C 15–20 x

Trizeps Curls

_Ausgangsposition:
› Setzen Sie sich mit geradem Rücken auf einen Stuhl. Der Bauch ist angespannt, das Brustbein angehoben, die Füße stehen hüftbreit auseinander.
› Halten Sie mit leicht gebeugten Händen eine Hantel über dem Kopf. Die Daumen liegen um die Hantelstange, die Gewichtsscheiben ruhen auf den Handflächen.

_Bewegung:
› Bewegen Sie die Hantel in Richtung Nacken. Die Oberarme bleiben dabei so nah wie möglich am Kopf.
› Strecken Sie die Arme wieder nach oben, ohne die Ellbogen ganz durchzudrücken. Die Oberarme weichen nicht zur Seite aus.
› In einem flüssigen Bewegungsablauf die Arme abwechselnd langsam beugen und strecken.

Sitzende Curls

_Ausgangsposition:
› Bleiben Sie auf dem Stuhl sitzen. Bauen Sie Körperspannung auf: Die Fersen sachte in den Boden drücken, den Bauch anspannen und das Brustbein heben.
› Lassen Sie Schultern und Arme mit den Hanteln zunächst locker nach unten hängen. Die Handflächen zeigen zum Körper.

_Bewegung:
› Spannen Sie Ihren Bizeps an und führen Sie die Gewichte langsam bis auf Schulterhöhe nach oben. Beginnen Sie dabei ab Höhe der Oberschenkel die Unterarme so zu drehen, dass die Handrücken in der Endposition nach vorn zeigen.
› Gehen Sie anschließend langsam und ohne Schwung in die Ausgangsposition zurück.
› Halten Sie die Muskeln weiterhin gespannt und führen Sie die Hanteln wieder nach oben.

Bitte ankreuzen von 1 (sehr leicht) bis 6 (sehr schwer).

| 1 | 2 | 3 | 4 | 5 | 6 |

Woche 1

Zur Ruhe kommen Früher aufgestanden? Super! Sie haben sich eines der schönsten Geschenke gemacht: Zeit. Genießen Sie sie. Drehen Sie Radio und TV ab und schalten Sie das Handy aus – jeden Tag mindestens eine halbe Stunde. Ihr Körper hat so Gelegenheit, seinen Vorrat an »Psychogenen« aufzufrischen – jene Enzyme und Hormone, die für die Übermittlung fröhlich stimmender Nervensignale zuständig sind.

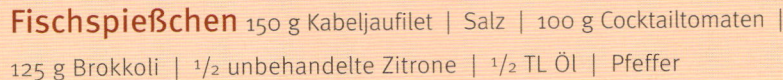

Jede Bewegung zählt Auch wenig schweißtreibende Aktivitäten verbrennen Fett. Allerdings müssen pro Woche 2000 Kalorien zusammenkommen. Ein Beispiel: täglich 25 Minuten Fußmarsch und zwei Treppen plus wöchentlich zwei Stunden Radfahren und 90 Minuten Spazierengehen. Alles alte Hüte? Okay, setzen Sie es um.

Fischspießchen 150 g Kabeljaufilet | Salz | 100 g Cocktailtomaten | 125 g Brokkoli | ½ unbehandelte Zitrone | ½ TL Öl | Pfeffer

1 Kabeljau in Würfel schneiden und leicht salzen. Tomaten waschen. Brokkoliröschen abteilen und abbrausen. Alles abwechselnd auf Spieße stecken.

2 Von der Zitrone 1 TL Schale abreiben und die Hälfte des Saftes auspressen. Öl erhitzen, Saft zufügen, pfeffern. Die Spieße kurz darin anbraten.

3 Geriebene Zitronenschale sowie 2 EL Wasser zugeben und die Spießchen 3 Minuten garen.

WORKOUT-ZIRKEL
Wenig Aufwand, optimale Wirkung

Was nützt das beste Workout, wenn es ewig dauert? Fünf ausgewählte Übungen der vergangenen Woche bringen Sie (im Uhrzeigersinn ausgeführt) schnell in Bestform.

> Diese Trainingsmethode gönnt Ihnen keine Pause, die kontinuierliche Bewegung steht im Vordergrund. Wer in Level A trainiert, startet innerhalb von 20 Sekunden mit der nächsten Übung. Ab Level B gehen die Übungen nahtlos ineinander über. Level C kann zwei bis drei Trainingsrunden drehen. Dazwischen sind je ein bis zwei Minuten Pause erlaubt. Bei Level A und B reichen ein bis zwei Durchgänge völlig aus.

> Keinen Kaltstart! Bringen Sie Ihre Muskeln vor Beginn des Workouts unbedingt mehrere Minuten auf Betriebstemperatur. Joggen Sie oder gehen Sie dynamisch auf der Stelle.

> Wiederholen Sie jede Übung Ihrem Leistungs-Level entsprechend, um die Energiedepots der Muskulatur auszuschöpfen. Bei den letzten Wiederholungen dürfen die Muskeln ruhig ein bisschen brennen. Denken Sie jedoch daran: Die angegebenen Zahlen sind lediglich Richtwerte. Wenn Sie einen Satz beendet haben, sollten Sie das Gefühl haben, die jeweiligen Muskeln intensiv belastet zu haben (Fit-Skala 4–5).

> Vergessen Sie nicht: Schwierig (weil ungewohnt) ist höchstens die Anfangsphase. Doch auch wenn Sie in den ersten drei Wochen ein wenig Disziplin und Energie aufbringen müssen: Es lohnt sich.

S. 9
10–15 x
15–20 x
20–25 x

S. 11
10–15 x
15–20 x
20–25 x

S. 7
8–12 x
12–15 x
15–20 x

S. 13
8–12 x
12–15 x
15–20 x

S. 15
8–12 x
12–15 x
15–20 x

Bitte ankreuzen von 1 (sehr leicht) bis 6 (sehr schwer).

Woche 1

Nicht weil es schwer ist, wagen wir es nicht, sondern weil wir es nicht wagen, ist es schwer.

SENECA, römischer Philosoph (55 v. Chr.–40 n. Chr.)

Der Wochen-Check-up Ziehen Sie Bilanz: Was haben Sie in den vergangenen Tagen für sich und Ihre Gesundheit getan?

Trainingsdauer: Zählen Sie zusammen, wie viele Minuten Sie sich über Ihre Gewohnheiten hinaus zusätzlich bewegt haben. Ihre Trainingsdauer: _____ Minuten

Ruhepuls: Je fitter Sie sind, desto niedriger wird Ihre Ruheherzfrequenz. Messen Sie den Puls einmal wöchentlich morgens noch vor dem Aufstehen. Legen Sie dazu zwei Fingerspitzen an die Halsschlagader und zählen Sie 30 Sekunden mit. Multiplizieren Sie das Ergebnis mit 2. Ihr Ruhepuls: _____

Intensität: Ermitteln Sie, wie anstrengend das Wochen-Workout durchschnittlich war. | 1 | 2 | 3 | 4 | 5 | 6 |

Selbst-Check: Je öfter Sie mit »Ja« antworten, desto näher sind Sie Ihren Zielen gekommen.

Das kurze Workout hat einen festen Platz in meinem Tagesablauf.	Ja	Nein
Ich trinke über den Tag verteilt zweieinhalb bis drei Liter.	Ja	Nein
Obst und Gemüse bestimmen meinen Speiseplan.	Ja	Nein
Ich habe mindestens eine persönliche Essfalle entschärft.	Ja	Nein
Ich habe etwas Neues ausprobiert und alte Gewohnheiten überwunden.	Ja	Nein
Der Gedanke an meinen neuen straffen Körper ist als Zielvorgabe fest verankert.	Ja	Nein
Ich habe mir Freiräume geschaffen, die ich aktiv nutze.	Ja	Nein

Auswertung: 1–2 x Ja: Der Anfang ist gemacht, aber da sind noch eine Menge Reserven. Bleiben Sie am Ball!

3–4 x Ja: Sie sind auf dem richtigen Weg! Machen Sie weiter so.

5–7 x Ja: Gratulation! Ihre Einstellung stimmt. Sie werden Ihren Körper verändern.

* Schultern
  von den Ohren ziehen

Level A 3–5 x B 3–5 x C 3–5 x

* Kopf
  hängt locker herab

Level A 15–20 x B 15–20 x C 15–20 x

Zur Entspannung

Aufrichten

_Ausgangsposition:
> Sie stehen aufrecht. Die Beine sind etwas mehr als schulterbreit geöffnet.
> Strecken Sie beide Arme schräg nach oben. Die Handflächen zeigen nach vorn, die Schultern bleiben gesenkt.
> Po anspannen und den Bauchnabel nach innen ziehen.

_Bewegung:
> Richten Sie den Brustkorb auf und bringen Sie die Arme leicht nach hinten. Die Handflächen zeigen nun nach oben, die Finger nach außen.
> Verweilen Sie 3 bis 5 Atemzüge in der Position. Wer möchte, öffnet die Arme weiter in die Dehnung hinein.

Mobilisieren

_Ausgangsposition:
> Sie stehen mit hüftbreit geöffneten Beinen und gehen leicht in die Knie.
> Stützen Sie sich mit den Händen auf den Oberschenkeln ab. Der Oberkörper bleibt aufrecht, der Kopf gerade.

_Bewegung:
> Mit dem Ausatmen rollen Sie die Wirbelsäule zu einem gleichmäßigen Bogen ein (Katzenbuckel). Die Bewegung beginnt am Steißbein und endet am Scheitel.
> Beim Ausatmen strecken Sie den Rücken wieder. Sie dürfen ihn sogar ganz sanft überstrecken.

Bitte ankreuzen von 1 (sehr leicht) bis 6 (sehr schwer).

1 2 3 4 5 6
Woche 1

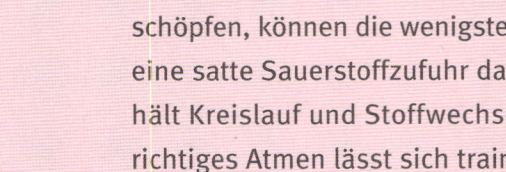

Sauerstoffkick Nach Luft schnappen kann jeder. Mit voller Konzentration atmen, um neue Kraft zu schöpfen, können die wenigsten. Dabei bringt nur eine satte Sauerstoffzufuhr das Blut zum Perlen, hält Kreislauf und Stoffwechsel auf Trab. Doch richtiges Atmen lässt sich trainieren: Atmen Sie einmal tief aus und ein und halten Sie dann vier Sekunden die Luft an. Wieder ausatmen. Wiederholen Sie das Ganze viermal. Das sorgt im Handumdrehen für gute Laune und mehr Energie.

Ziele im Auge behalten Notieren Sie Ihre Fitness-Ziele auf einem Klebezettel und heften Sie diesen an den Badezimmerspiegel oder den Kühlschrank. Dann sehen Sie täglich darauf – und das spornt an. Kleben Sie die Notiz regelmäßig um. Denn wir neigen dazu, Dinge, an die wir uns gewöhnt haben, nicht mehr bewusst wahrzunehmen.

Hunger erkennen Warum essen Sie? Haben Sie tatsächlich Hunger oder ist Ihnen nur langweilig? Was würden Sie in diesem Moment lieber tun als essen? Wer isst, um sich zu belohnen oder um Stress zu bewältigen, nimmt automatisch mehr Kalorien zu sich als notwendig. Indem Sie sich selbst beobachten, lösen Sie Ihre Gelüste von seelischen Bedürfnissen. Stellen Sie sich deshalb vor jeder Mahlzeit die Frage: »Bin ich wirklich hungrig?« Das wirkt wie eine automatische Essbremse.

Für den Bauch

★ Hände in den Boden pressen

Level A 10–15 s | B 15–20 s | C > 20 s

★ Ellbogen bleibt auf Kopfhöhe

Level A 10–15 x | B 15–20 x | C 20–25 x

Radfahren

_Ausgangsposition:
> Sie liegen auf dem Rücken. Der Schultergürtel ist so weit angehoben, dass die Schulterblätter den Boden nicht mehr berühren. Der Bauch ist bereits angespannt.
> Die Arme liegen gestreckt seitlich vom Körper. Die Handflächen zeigen nach unten und werden fest in den Boden gepresst.

_Bewegung:
> Ziehen Sie abwechselnd das linke und das rechte Knie zur Brust. Versuchen Sie dabei, die untere Bauchmuskulatur bewusst anzuspannen. Die Bewegung ähnelt dem Radfahren, statt einer Kreisbewegung strecken Sie jedoch die Beine.

_Variante:
So wird's schwerer: Je weiter Sie die Beine zum Boden senken, desto intensiver wird die Übung.

Schräger Crunch

_Ausgangsposition:
> Bleiben Sie in der Rückenlage. Stellen Sie das rechte Bein auf. Die Zehen zeigen zur Decke. Der linke Knöchel liegt auf dem rechten Knie.
> Strecken Sie den linken Arm zur Seite. Der rechte Arm ist gebeugt, die Hand liegt am Hinterkopf.

_Bewegung:
> Beim Ausatmen ziehen Sie die Bauchmuskeln zusammen und führen die rechte Schulter zum linken Knie. Oberkörper und Schulterblätter lösen sich vom Boden. Der untere Rücken bleibt am Boden, der Kopf gerade.
> Beim Einatmen gehen Sie langsam in die Ausgangsposition zurück, ohne zu entspannen.
> Nach einem Satz Wiederholungen trainieren Sie die andere Seite.

| 1 | 2 | 3 | 4 | 5 | 6 | Bitte ankreuzen von 1 (sehr leicht) bis 6 (sehr schwer).

Woche 2

1. Tag

Trommelwirbel Zum Wochenstart nervige Probleme im Job? Stress zu Hause? Die folgende Massage bringt Sie wieder auf den Boden: Trommeln Sie mit den Fingerkuppen beider Hände sanft auf der Kopfhaut. Beginnen Sie an der Vertiefung der Schläfen und klopfen Sie weiter in Richtung Nacken. Dann setzen Sie am Mittelscheitel an und massieren hinunter zu den Ohren.

Die Schweinehund-Zähmung Machen Sie jede Woche eine Bestandsaufnahme: Welche Vor- und Nachteile hat Ihr Verhalten? Sie werden sehen: Je mehr Sie an Ihrem Lebensstil ändern, desto länger wird die Pluspunkt-Liste. Das bestärkt Ihre bewusste Entscheidung für den 6-Wochen-Plan und verjagt das träge Tier in Ihnen.

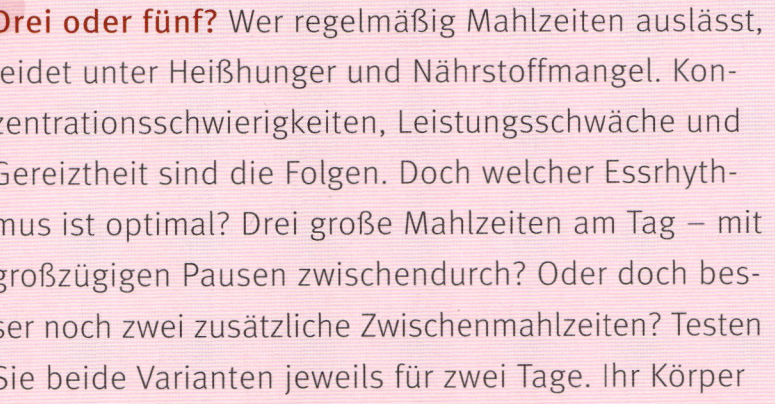

Drei oder fünf? Wer regelmäßig Mahlzeiten auslässt, leidet unter Heißhunger und Nährstoffmangel. Konzentrationsschwierigkeiten, Leistungsschwäche und Gereiztheit sind die Folgen. Doch welcher Essrhythmus ist optimal? Drei große Mahlzeiten am Tag – mit großzügigen Pausen zwischendurch? Oder doch besser noch zwei zusätzliche Zwischenmahlzeiten? Testen Sie beide Varianten jeweils für zwei Tage. Ihr Körper wird Ihnen zeigen, was ihm besser bekommt.

Für die Beine

Bauch anspannen

Level A 10–15 x B 15–20 x C 20–25 x

Ferse führt die Bewegung

Level A 15–20 x B 20–25 x C 25–30 x

Gegrätschte Squats

_Ausgangsposition:
> Sie stehen aufrecht. Die Beine sind in doppelter Hüftbreite gegrätscht. Die Füße zeigen nach außen.
> In den Händen halten Sie ein Paar Hanteln vor dem Körper. Der Rumpf ist stabil, die Schulterblätter sind nach hinten gezogen.

_Bewegung:
> Gehen Sie in die Knie, bis die Oberschenkel parallel zum Boden sind. Der Rücken bleibt dabei gerade.
> Halten Sie die Position kurz.
> Strecken Sie sich langsam wieder nach oben.

_Variante:
So wird's leichter: Lassen Sie zunächst die Hanteln weg.
So wird's schwerer: Stellen Sie sich beim Üben auf die Zehenspitzen.

Beinheben

_Ausgangsposition:
> Legen Sie sich auf die rechte Seite. Der Kopf ruht auf dem gebeugten rechten Arm. Mit der linken Hand stützen Sie sich vor dem Körper ab.
> Neigen Sie sich leicht nach vorn und belasten Sie den aufgestützten Arm ein wenig.
> Das obere Bein anwinkeln und den Fuß etwas vor dem Knie des unteren gestreckten Beins aufstellen.

_Bewegung:
> Ausatmen und das untere Bein so hoch wie möglich anheben.
> Beim Einatmen das Bein wieder senken, aber nicht ganz ablegen.
> Führen Sie einen Satz Wiederholungen ohne Pause durch und wechseln Sie dann zur anderen Seite.

_Variante:
So wird's leichter: Machen Sie die Übung im Stehen und kreuzen Sie das arbeitende Bein mit gespannten Innenmuskeln langsam vor dem Standbein.

1 2 3 4 5 6   Bitte ankreuzen von 1 (sehr leicht) bis 6 (sehr schwer).

Woche 2

Fit in Sekunden Probieren Sie es gleich einmal aus: Reiben Sie Ihre Hände, bis sie schön warm werden. Schließen Sie dann die Augen und bedecken Sie das Gesicht mit den Händen. Stellen Sie sich vor, die Wärme wandelt sich in Energie und fließt durch Ihre Fingerspitzen in Sie hinein. Atmen Sie tief durch und spüren Sie die Entspannung.

Ach, übrigens ... Erzählen Sie Familie und Freunden von Ihren Fitnessplänen und halten Sie sie auf dem Laufenden. Das motiviert, denn Sie arbeiten konsequenter, um glaubwürdig zu erscheinen. Und: Je öfter Sie über Ihr Ziel sprechen, desto stärker glauben Sie auch selbst daran. Die Wahrscheinlichkeit, dass Sie es wirklich erreichen, steigt dadurch um 95 Prozent.

Trink-Training Trinken Sie genug? Stellen Sie sich jede Stunde den Wecker oder das Handy und trinken Sie ein Glas Wasser, sobald es piepst. Machen Sie das Ganze so lange, bis das Geklingel Sie derart nervt, dass Sie schon vorher von selbst etwas trinken.

Für den Po

* Hüfte stabilisieren

Level A 10–15 x B 15–20 x C 20–25 x

Schulterpartie * ist entspannt

Level A 10–15 x B 15–20 x C 20–25 x

Lift-up

_Ausgangsposition:
> Legen Sie sich auf den Rücken. Die Arme liegen neben dem Körper. Die Handflächen zeigen nach unten.
> Stellen Sie die Beine auf.

_Bewegung:
> Strecken Sie das rechte Bein senkrecht nach oben. Dabei den Po heben und anspannen. Becken nicht kippen.
> Verharren Sie einen Moment in dieser Position.
> Gehen Sie langsam wieder in die Ausgangsposition zurück, ohne den Po ganz am Boden abzulegen. Dann geht es ohne Pause wieder nach oben.
> Nach einem Satz Wiederholungen wechseln Sie die Seite.

_Variante:
So wird's leichter: Legen Sie den rechten Knöchel auf dem linken Knie ab. Beide Hüftseiten auf die gleiche Höhe bringen, dann anheben.
So wird's schwerer: Überkreuzen Sie die Arme vor der Brust.

Leglift

_Ausgangsposition:
> Sie liegen mit gestreckten Beinen auf dem Bauch. Entspannen Sie Kopf und Nacken und legen Sie die Stirn auf den Händen ab.
> Machen Sie die Wirbelsäule ganz lang, indem Sie sich vorstellen, Kopf und Steißbein zögen in entgegengesetzte Richtungen.

_Bewegung:
> Heben Sie das linke gestreckte Bein leicht an. Die Zehenspitzen zeigen zum Boden.
> Die Pomuskulatur fest anspannen und das Bein so weit es geht anheben, ohne dass die Hüfte dabei eine Ausweichbewegung macht. Das rechte Knie berührt dabei den Boden nicht, auch der rechte Oberschenkel ist zum Teil angehoben.
> Die Beine ohne Pause abwechselnd heben und senken.

| 1 | 2 | 3 | 4 | 5 | 6 |

Bitte ankreuzen von 1 (sehr leicht) bis 6 (sehr schwer).

Woche 2

Es geht nicht um Minuten Bleiben Sie ab heute morgens noch einen Augenblick im Bett liegen, wenn der Wecker klingelt. Schauen Sie aus dem Fenster oder lauschen Sie den Geräuschen des beginnenden Tages. Dann räkeln und strecken Sie sich zwei bis drei Minuten ausgiebig. Dadurch vertieft sich die Atmung, Lunge und Kreislauf kommen in Fahrt, Muskeln und Sehnen werden angenehm gedehnt.

Überall fit Kein Tag ohne eine Extra-Portion Bewegung. Legen Sie zum Beispiel im Auto bei jeder roten Ampel ein Spannungstraining ein. Kneifen Sie den Po fest zusammen und ziehen Sie den Bauch ein, bis es wieder grün wird. Auch prima während langer Konferenzen und an der Kasse.

Salat mit Forellenfilet 1/2 Radicchio | Petersilie | 125 g Forellenfilet (ohne Haut) | Saft von 1 Zitrone | Salz | 1 rote Paprika | 2 Frühlingszwiebeln | 1 Knoblauchzehe | 50 ml Kokosmilch (Dose) | Pfeffer

1 Radicchio waschen und klein zupfen. Petersilie waschen und hacken. Forellenfilet würfeln. Mit Zitronensaft, Petersilie und Salz mischen.

2 Paprika und Frühlingszwiebeln putzen und waschen. Paprika in Würfel, Zwiebel in Ringe schneiden.

3 Knoblauch zur Kokosmilch pressen. Salzen, pfeffern.

4 Fisch mit Marinade in einer Pfanne kurz erhitzen. Mit Gemüse, Salat und Kokosmilch mischen.

Für Brust und Rücken

Ellbogen *
sind leicht gebeugt

Level A 10–15 x B 15–20 x C 20–25 x

* Arme
eng am Körper halten

Level A 5–6 x B 6–8 x C 8–12 x

Flying

_Ausgangsposition:
› Sie liegen auf dem Rücken und halten in jeder Hand eine Hantel. Die Beine sind angewinkelt, die Füße stehen auf dem Boden. Die Arme sind in Brusthöhe um 90 Grad gebeugt, die Handflächen zeigen nach vorn.
› Stützen Sie Kopf, Nacken und Schultergürtel eventuell mit einem gefalteten Handtuch ab.

_Bewegung:
› Ausatmen, die Gewichte nach oben drücken und vor der Brustmitte zusammenführen. Drehen Sie die Handgelenke dabei so, dass die Handflächen am Ende der Bewegung zueinander zeigen. Spannen Sie die Brustmuskeln bewusst an. Die Ellbogen bleiben auch in der Endposition leicht gebeugt.
› Senken Sie die Hanteln langsam wieder ab, ohne sie jedoch ganz am Boden abzulegen.

Rückenstark

_Ausgangsposition:
› Sie liegen auf dem Rücken. Die Füße stehen auf dem Boden. Die Arme liegen eng neben dem Körper, die Unterarme sind nach oben angewinkelt.
› Ziehen Sie die Fußspitzen an und kippen Sie das Becken etwas nach vorn, damit Sie leicht ins Hohlkreuz fallen.

_Bewegung:
› Bauen Sie Spannung auf, indem Sie durch den Druck der Oberarme den Oberkörper so weit wie möglich nach oben anheben. Halten Sie dabei die Schultern bewusst unten. Der Blick ist schräg nach oben gerichtet.
› Die Position rund 5 Sekunden halten und dann in die Ausgangsposition zurückkehren.

_Variante:
So wird's schwerer: Die Beine um 90 Grad anwinkeln und anheben. Nur der Po bleibt am Boden.

Bitte ankreuzen von 1 (sehr leicht) bis 6 (sehr schwer).

| 1 | 2 | 3 | 4 | 5 | 6 |

Woche 2

Anti-Stress-Punkt Sind Sie mal wieder richtig gestresst? Eine kurze Akupressur hilft: Drücken Sie mit dem Daumen der linken Hand im Dreieck zwischen Daumen und Zeigefinger auf den Handrücken der rechten. Dort, wo es druckempfindlich ist, liegt der Anti-Stress-Punkt. Massieren Sie diese Stelle, bis sie ganz leicht schmerzt. Wiederholen Sie die Massage noch einmal auf der anderen Seite.

Trick der Models Stellen Sie sich mit leicht gespreizten Beinen und nach außen gestellten Füßen auf. Gehen Sie in die Knie und kippen Sie das Becken leicht nach vorn, bis die Wirbelsäule senkrecht steht. Gleichzeitig spannen Sie Bauch- und Pomuskeln fest an. Spannung so lange wie möglich halten. Loslassen und noch einmal anspannen. Atmen nicht vergessen. Das Ganze kostet keine Extra-Zeit, wenn Sie es beispielsweise beim Zähneputzen, Haareföhnen oder Kochen machen.

Welches Fett bitte? Wer abnehmen will, darf täglich nicht mehr als 35 bis 40 Gramm Fett essen. Je ein Drittel davon sollte aus gesättigten (tierischen) sowie einfach und mehrfach ungesättigten (pflanzlichen) Fettsäuren stammen. 10 Gramm Butter und ein Esslöffel Öl sind eigentlich schon genug. Denn all die versteckten Fette in Wurst, Käse und Co. müssen Sie noch dazurechnen.

Bauch ★ anspannen

Level A 8–12 x B 12–15 x C 15–20 x

★ Ellbogen dicht am Körper halten

Level A 8–12 x B 12–15 x C 15–20 x

Für die Arme

Kraft-Kick

_Ausgangsposition:
> Sie stehen aufrecht, eine Hantel in der rechten Hand. Machen Sie mit dem linken Bein einen Ausfallschritt nach vorn. Beugen Sie das Knie, bis Sie den linken Unterarm bequem auf dem Oberschenkel ablegen können.
> Heben Sie den rechten Ellbogen so weit an, dass er sich parallel zum Boden befindet. Unter- und Oberarm bilden einen 90-Grad-Winkel.

_Bewegung:
> Strecken Sie den rechten Unterarm mit fixiertem Handgelenk so weit wie möglich nach hinten. Drehen Sie das Handgelenk so, dass die Handfläche in der Endposition nach oben zeigt.
> Halten Sie die Position kurz.
> Senken Sie den Arm wieder, bis der Ellbogen angewinkelt ist. Bleiben Sie mit dem Oberkörper während der ganzen Übung gerade, drehen Sie ihn nicht zur Seite.
> Nach einem Satz Wiederholungen die Seite wechseln.

Alternierende Curls

_Ausgangsposition:
> Machen Sie mit dem linken Bein einen kleinen Ausfallschritt.
> Die Arme liegen am Oberkörper und sind ganz leicht gebeugt. In jeder Hand halten Sie eine Kurzhantel. Die Handflächen zeigen zum Körper.

_Bewegung:
> Spannen Sie rechts den Bizeps an und führen Sie die Hantel langsam bis auf Schulterhöhe nach oben. Drehen Sie dabei ab Höhe der Oberschenkel die Unterarme so, dass die Handrücken am Ende nach vorn zeigen.
> Gehen Sie langsam zurück in die Ausgangsposition, ohne den Arm jedoch ganz durchzustrecken. Gleichzeitig beugen Sie den linken Arm.
> Im Wechsel weiter so.

Bitte ankreuzen von 1 (sehr leicht) bis 6 (sehr schwer).

1 2 3 4 5 6

Woche 2

Schneller Frische-Kick Schließen Sie die Augen und halten Sie den Kopf locker. Massieren Sie ein bis drei Minuten sanft und kreisförmig mit der Spitze des Daumens und des Zeigefingers Ihre Nasenwurzel. Erst in eine Richtung, dann in die andere. Bauen Sie den Druck langsam auf und wieder ab. Wiederholen Sie die Massage in kurzen Abständen drei- bis fünfmal, das wirkt belebend.

Trainings-Mantra Die innere Einstellung ist der Schlüssel zum Erfolg. Betonen Sie daher immer das, was Sie sich wünschen – und nicht das, was Sie nicht wollen. Sagen Sie sich mehrmals am Tag Ihre Erfolgsformel vor. Zum Beispiel: »Ich schaffe das. Ich tu mir etwas Gutes.« So rufen Sie positive Gefühle wach. Am besten klappt das Ganze übrigens kurz vor dem Einschlafen.

Beeren-Shake 100 g Himbeeren oder Erdbeeren (frisch oder TK) | 100 ml Sojamilch | 100 g Magerquark | 1 EL zarte Haferflocken oder Schmelzflocken | 1 TL Sonnenblumenkerne

1 Beeren im Mixer pürieren. Frische Beeren vorher waschen und verlesen.

2 Sojamilch, Quark, Haferflocken und Sonnenblumenkerne zugeben. Alles einmal kräftig durchmischen.

WORKOUT-ZIRKEL
Wenig Aufwand, optimale Wirkung

Die ersten zwei Wochen sind fast vorüber und schon zeigen sich erste Erfolge. Genießen Sie das schöne Gefühl, Ihrem Ziel mit jedem Tag ein Stück näher gekommen zu sein. Denn der wirkungsvollste Leistungsmotor ist, dass Sie sich wohlfühlen.

› Level A macht einen Durchgang, Level B zwei Durchgänge, Level C kann sogar drei versuchen. Aber: Hetzen Sie nicht durch das Programm. Führen Sie die Übungen so langsam aus, dass Sie Ihre Haltung notfalls gleich korrigieren können. Legen Sie ein zu hohes Tempo vor, merken Sie nicht, wenn Sie Fehler machen.

› In der Ruhe liegt die Kraft: Damit der Muskel sich entwickelt, müssen die Bewegungen langsam ausgeführt werden. Wenn Sie einen Arm oder ein Bein heben, sollte das etwa zwei Sekunden dauern, beim Senken sogar vier Sekunden. Zählen Sie einfach mit. Wenn Sie Schwung holen, nehmen Sie dem Muskel die Arbeit ab und die Wirkung der Übung verpufft.

› Auch bei Übungen ohne Hanteln sollten Sie das Tempo immer so wählen, dass Sie gerade so viele Wiederholungen schaffen, wie es Ihrem Fitness-Level entspricht.

› Gönnen Sie sich zum Schluss immer eine Entspannungsübung. Wichtig: Sorgen Sie dabei für ein ruhiges Umfeld.

› Sie sollten sich nach dem Training so gut fühlen, dass Sie am liebsten weitermachen würden. Hören Sie auf Ihren Körper.

S. 23
10–15 x
15–20 x
20–25 x

S. 25
10–15 x
15–20 x
20–25 x

S. 21
10–15 s
15–20 s
› 20 s

S. 27

S. 29
8–12 x
12–15 x
15–20 x

| 1 | 2 | 3 | 4 | 5 | 6 |

Bitte ankreuzen von 1 (sehr leicht) bis 6 (sehr schwer).

Woche 2

Tu zuerst das Notwendige, dann das Mögliche und plötzlich schaffst du das Unmögliche.

FRANZ VON ASSISI, Ordensstifter (1181/82–1226)

Der Wochen-Check-up Na, was haben Sie diese Woche geschafft?

Trainingsdauer: Zählen Sie zusammen, wie viele Minuten Sie sich über Ihre Gewohnheiten hinaus bewegt haben. Zehn Prozent Steigerung pro Woche sollten schon drin sein. Ihre Trainingsdauer: _____ Minuten

Ruhepuls: Nimmt der Ruhepuls über mehrere Wochen ab, ist das ein Zeichen für Ihre ansteigende Form. Liegt der Wert plötzlich um acht bis zehn Schläge höher, weist dies dagegen auf Stress oder einen Infekt hin. Ihr Ruhepuls: _____

Intensität: Ermitteln Sie, wie anstrengend das Wochen-Workout durchschnittlich war. Ist die subjektive Belastung schon gesunken?

| 1 | 2 | 3 | 4 | 5 | 6 |

Selbst-Check: Je öfter Sie mit »Ja« antworten, desto näher sind Sie Ihren Zielen gekommen.

	Ja	Nein
Ich bin dabei, meine Essgewohnheiten zu hinterfragen.	Ja	Nein
Meine Fitness-Ziele habe ich gut sichtbar an der Wand angebracht.	Ja	Nein
Ich habe meinen Essrhythmus gefunden – Heißhunger-Attacken werden seltener.	Ja	Nein
Ich esse fettarm, vermeide sichtbares Fett und achte auch auf versteckte Fette.	Ja	Nein
Ich achte zwischendurch bewusst auf meine Atmung.	Ja	Nein
Ich greife immer öfter zur Wasserflasche.	Ja	Nein
Ich bin auch im Alltag aktiver, bewege mich einfach mehr.	Ja	Nein

Auswertung: 1–2 x Ja: Setzen Sie neue Prioritäten. Nehmen Sie sich dazu einen Tipp nach dem anderen vor.

3–4 x Ja: Gratulation! Wenn Sie weitere Gewohnheiten ändern, wird das noch mehr Energie freisetzen.

5–7 x Ja: Sie haben bereits erfolgreich Ihre Grenzen ausgedehnt. Verwöhnen Sie Ihren Körper weiter.

Zur Entspannung

Katze

_Ausgangsposition:
› Sie stehen im Vierfüßlerstand, die Hände befinden sich in einer Linie unter den Schultergelenken. Die Knie stehen direkt unter der Hüfte.
› Kopf und Oberkörper sind parallel zum Boden.

_Bewegung:
› Wölben Sie die Wirbelsäule vom Becken aus in einer harmonischen Bewegung Wirbel für Wirbel zu einem Katzenbuckel nach oben. Der Kopf sinkt dabei nach vorn-unten.
› Richten Sie das Becken wieder auf und lassen Sie den Rücken Wirbel für Wirbel nach unten in die Rückbeuge sinken. Dabei strecken Sie Nacken und Kopf nach oben.
› Wiederholen Sie diese Bewegung im Rhythmus Ihres Atems.

Hund

_Ausgangsposition:
› Aus der Position der Katze (siehe links) verlagern Sie das Gewicht nach hinten.
› Stellen Sie die Zehen auf, drücken Sie die Ballen in den Boden und strecken Sie die Beine. Die Finger zeigen nach vorn.

_Bewegung:
› Drücken Sie die Handwurzeln in den Boden und heben Sie das Becken nach hinten-oben.
› Strecken Sie die Wirbelsäule in dieser Position so lang wie möglich. Der Kopf hängt dabei zwischen den Ellbogen herab, der Brustkorb sinkt zum Boden. Die Fersen nicht mit Gewalt gegen den Widerstand der Beinbeuger zum Boden bringen, sondern einfach die Knie anwinkeln.
› Atmen Sie in dieser Stellung mehrmals ruhig ein und aus.

Bitte ankreuzen von 1 (sehr leicht) bis 6 (sehr schwer).

Woche 2

Neue Energie tanken Nur wenn wir richtig tief in den Bauch hinein Luft holen, sorgt das für eine gute Durchblutung und macht locker. So bekommen Sie ein Gefühl dafür: Legen Sie sich flach auf den Rücken und stapeln Sie ein paar Bücher unterhalb des Bauchnabels. Jetzt atmen Sie in den Bauch. Wenn Sie es richtig machen, hebt und senkt sich der Stapel merklich. Zum Ausklang der Relax-Übungen 15-mal.

Positiv programmieren Zu fertig, um zu trainieren? Verdrängen Sie den Gedanken. Sagen Sie sich: »Bewegung ist Medizin. Ich werde mich noch mieser fühlen, wenn ich nicht übe. Beim Training tanke ich neue Energie und bin danach viel zufriedener.« So überlisten Sie Ihren inneren Schweinehund.

Grüne-Bohnen-Salat 150 g grüne Bohnen | Salz | 1/2 rote Zwiebel | 1–2 EL Essig | 1 EL Kürbiskernöl | Pfeffer | 2 EL Pinienkerne

1 Bohnen putzen, waschen und halbieren. In Salzwasser etwa 10 Minuten bissfest dünsten.
2 Zwiebel abziehen und fein würfeln. Aus Essig, Öl, Salz und Pfeffer ein Dressing rühren. Zwiebeln zugeben und alles mit den Bohnen vermischen.
3 Pinienkerne ohne Fett in einer Pfanne goldbraun rösten. Über den Bohnensalat streuen.

Für den Bauch

★ Unterer Rücken
bleibt am Boden

Level A 10–15 s B 15–20 s C > 20 s

★ Nacken
lang halten

Level A 10–12 x B 12–15 x C 15–20 x

Käfer

_Ausgangsposition:
› Sie liegen auf dem Rücken. Richten Sie den Oberkörper auf. Der Schultergürtel ist so weit nach oben angehoben, dass die Schulterblätter den Boden nicht mehr berühren.
› Ziehen Sie das linke Bein zur Brust. Das rechte Bein schwebt ausgestreckt knapp über dem Boden.

_Bewegung:
› Spannen Sie die Bauchmuskulatur an und bewegen Sie Arme und Beine vor und zurück. Die rechte Hand geht dabei mit dem rechten Fuß nach vorn – und umgekehrt. Vergessen Sie nicht, gleichmäßig zu atmen.
› Hören Sie in sich hinein: Spüren Sie Ihre Atmung, die Harmonie der Bewegung und die Kraft Ihrer Mitte.

_Variante:
So wird's schwerer: Je langsamer das Tempo, desto anstrengender wird es.

Crossmove

_Ausgangsposition:
› Bleiben Sie auf dem Rücken liegen. Das linke Bein ist gestreckt, das rechte im 45-Grad-Winkel aufgestellt.
› Legen Sie die linke Hand auf den Boden. Die rechte Hand befindet sich seitlich am Kopf.

_Bewegung:
› Heben Sie gleichzeitig das linke Bein und den Oberkörper nach oben. Führen Sie dabei den rechten Ellbogen zum linken Knie.
› Nach einem Satz Wiederholungen wechseln Sie die Seite.

1 2 3 4 5 6   Bitte ankreuzen von 1 (sehr leicht) bis 6 (sehr schwer).

Woche 3

Stoppt Verspannungen Das Gesicht ist der Spiegel unserer Seele. Schon die kleinste Anspannung macht sich sofort bemerkbar. Um loszulassen und die Gesichtsmuskeln zu entspannen, greifen Sie mit allen Fingern in die Haare und ziehen diese sanft nach oben. Anschließend massieren Sie die Kopfhaut mit allen zehn Fingerkuppen in kreisenden Bewegungen – wie beim Haarewaschen.

Easy-Going Um die Energiequellen Ihres Körpers richtig zum Sprudeln zu bringen, müssen Sie nicht stundenlang schwitzen. Schon 20 Minuten Walking reichen aus. Die Speicher der Muskelzellen werden größer, die Energie spendenden Fettverbrennungsenzyme vermehren sich, die Durchblutung wird besser und schmerzhafte Verspannungen lassen nach.

Bio-Power Essen Sie fünfmal am Tag Frisches – am besten dreimal Gemüse (300 bis 400 Gramm) und zweimal Obst (250 bis 300 Gramm). So decken Sie nicht nur einen Großteil des Tagesbedarfs an Vitaminen und Mineralstoffen. Die enthaltenen Ballaststoffe machen auch schneller und länger satt.

Für die Beine

Knie bleiben hinter den Zehen

Fersen sind parallel

Level A 10–15 x | B 15–20 x | C 20–25 x

Level A 10–15 x | B 15–20 x | C 20–25 x

Squats mit Hanteln

_Ausgangsposition:
> Sie stehen aufrecht. Die Füße sind parallel und etwas mehr als hüftbreit auseinander. Das gesamte Körpergewicht ruht auf den Fersen.
> Legen Sie je eine Hantel auf den Schultern ab.

_Bewegung:
> Halten Sie den Rücken gerade und gehen Sie so weit in die Knie, bis Ober- und Unterschenkel einen rechten Winkel bilden. Neigen Sie den Oberkörper dabei leicht nach vorn. Die Wirbelsäule bleibt gerade, der Blick geht geradeaus.
> Drücken Sie sich aus den Fersen heraus zurück in die Ausgangsposition, indem Sie die Beine beinahe ganz durchstrecken.
> Atmen Sie während der ganzen Übung gleichmäßig: Wenn Sie nach unten gehen, atmen Sie ein, sobald Sie sich wieder aufrichten, aus.

Wadenstraff

_Ausgangsposition:
> Setzen Sie sich auf einen Stuhl. Der Oberkörper ist aufrecht, das Brustbein angehoben und die Schultern sind nach hinten-unten gezogen. Die Fußballen stehen leicht erhöht (zum Beispiel auf einem Telefonbuch).
> Stellen Sie eine Kurzhantel auf die Oberschenkel und halten Sie sie fest.

_Bewegung:
> Heben Sie die Fersen so weit wie möglich an. Am höchsten Punkt kurz innehalten.
> Die Fersen wieder langsam absenken. In der Endphase der Bewegung sollten sie tiefer als die Ballen sein.

_Variante:
So wird's schwerer: Führen Sie die Übung mit einem Bein und/oder im Stehen aus.

| 1 | 2 | 3 | 4 | 5 | 6 | Bitte ankreuzen von 1 (sehr leicht) bis 6 (sehr schwer).

Woche 3

Immer locker bleiben Wenn Sie der Berufsverkehr nervt: Schalten Sie das Autoradio aus und versuchen Sie, den eigenen Körper ganz intensiv wahrzunehmen. Lehnen Sie sich zurück, lockern Sie den Griff ums Lenkrad und entspannen Sie die Beine. So kommen Sie wesentlich gelöster ans Ziel.

Der ultimative Muntermacher Beginnen Sie den Tag mit einer erfrischenden Wechseldusche. Das regt die so genannten Heat-Shock-Proteine an, die den Reparaturmechanismus der Haut in Gang halten und das Gewebe stärken. Lassen Sie ein bis drei Minuten warmes Wasser auf sich prasseln. Dann folgt ein kalter Schauer. Beginnen Sie an den Beinen, dann kommen die Arme, zum Schluss der Oberkörper dran. Beliebig oft wiederholen und das Ganze mit einem kalten Guss beenden.

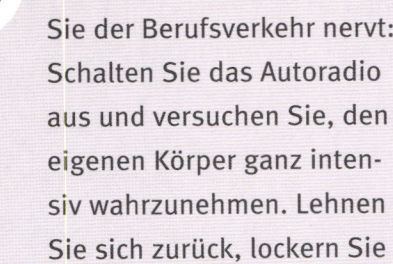

Beerenquarkspeise 150 g gemischte Beeren (frisch oder TK) | 100 ml Sojamilch | 80 g Magerquark | 2 EL Dinkel- oder Vollkornhaferflocken | 1 Msp Zimt

1　Frische Beeren waschen und verlesen. TK-Beeren auftauen.

2　Sojamilch und Quark miteinander vermischen. Die Haferflocken unterrühren.

3　Die Beeren zugeben und die Quarkspeise mit Zimt bestäuben.

Für den Po

Brustbein ist angehoben

Level A | 10–15 x   B | 15–20 x   C | 20–25 x

Arme bleiben entspannt

Level A | 10–12 x   B | 12–15 x   C | 15–20 x

Ausfallschritt

_Ausgangsposition:
> Aufrechter Stand. Machen Sie mit dem linken Bein einen großen Schritt nach vorn und lösen Sie die rechte Ferse vom Boden. Die Hüfte zeigt nach vorn, das Körpergewicht ist auf beide Beine verteilt.
> Stabilisieren Sie die Bewegung, indem Sie sich mit der linken Hand an einer Stuhllehne festhalten.

_Bewegung:
> Atmen Sie ein und beugen Sie dabei beide Beine, bis sich das hintere Knie knapp über dem Boden befindet. Das vordere steht über dem Knöchel.
> Beim Ausatmen strecken Sie die Beine wieder. Achtung: Sie bewegen sich auf und ab, nicht vor und zurück.
> Nachdem Sie einen Satz Wiederholungen absolviert haben, machen Sie mit dem rechten Bein einen Schritt nach vorn und beginnen aufs Neue.

Profi-Lift

_Ausgangsposition:
> Sie liegen mit angewinkelten Beinen auf dem Rücken. Füße und Knie sind hüftbreit auseinander. Die Arme liegen neben dem Körper, die Handflächen zeigen nach unten.
> Heben Sie das rechte Bein an, strecken Sie es aus und halten Sie es parallel zum Boden.

_Bewegung:
> Drücken Sie das Becken fest nach oben, ohne dabei die Hüften zu kippen. Pressen Sie jetzt die Pobacken fest zusammen.
> Halten Sie die Position 3 bis 5 Sekunden. Dann das Becken absenken und wieder anheben.
> Nach einem Satz Wiederholungen die Seite wechseln.

1 2 3 4 5 6   Bitte ankreuzen von 1 (sehr leicht) bis 6 (sehr schwer).

Woche 3

Den Körper erleben Eine tolle Übung für die U-Bahn: Horchen Sie in sich hinein: »Was denke ich gerade? Schweifen meine Gedanken schon wieder in die Zukunft?« Stopp, halten Sie einen Moment inne. Schließen Sie die Augen. Beobachten Sie den Rhythmus Ihres Atems und konzentrieren Sie sich ganz auf den Augenblick: »Ich atme Luft und ich spüre meinen Körper.« Schon sind Sie im Hier und Jetzt angekommen.

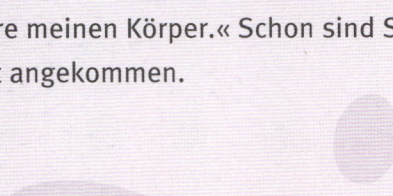

Flexibel bleiben Sie sind aus dem Trainingsrhythmus gekommen, weil Sie so viel gearbeitet oder gefeiert haben oder im Urlaub waren? Denken Sie jetzt bloß nicht, dass ohnehin schon alles egal ist und Sie gleich ganz aufhören können. Gestehen Sie sich lieber zu, die »Pause« genossen zu haben. Dann raffen Sie sich auf und machen weiter. Betonen Sie immer das Positive.

Den Heißhunger ausbremsen Stellen Sie noch heute eine gut gefüllte Obstschale in Griffnähe – Bananen, Äpfel, Birnen oder Orangen bremsen nämlich den Heißhunger auf Süßes. Für Hungerattacken im Büro oder auf dem Sofa eignet sich auch rohes Gemüse wie Möhren, Kohlrabi, Gurken oder Paprika. Dazu können Sie einen würzigen Joghurtdip anrühren.

Für Brust und Rücken

Push-up

_Ausgangsposition:
> Legen Sie sich auf den Rücken. Halten Sie die Hanteln mit beinahe gestreckten Armen über der Brust.

_Bewegung:
> Mit dem Einatmen führen Sie die Gewichte hinter den Kopf, ohne den Boden zu berühren. Ziehen Sie dabei die Schulterblätter bewusst nach unten.
> Beim Ausatmen beschreiben Sie mit den Hanteln einen Halbkreis und bringen sie dann über die Taille.
> Machen Sie eine kurze Pause, ehe Sie wieder einatmen und dabei die Arme erneut hinter den Kopf führen.

* Schulterblätter nach unten ziehen

Level A 10–15 x | B 15–20 x | C 20–25 x

Vierfüßlerstand

_Ausgangsposition:
> Gehen Sie in den Vierfüßlerstand. Die Knie befinden sich genau unter der Hüfte, die Hände unter den Schultern.
> Halten Sie den Kopf in Verlängerung der Wirbelsäule. Der Rücken ist gerade, der Bauch angespannt. Der Blick geht zum Boden.

_Bewegung:
> Strecken Sie das linke Bein nach hinten aus, bis es sich in der Verlängerung des Oberkörpers befindet. Gleichzeitig den rechten Arm nach vorn strecken.
> Halten Sie die Position 2 bis 3 Sekunden. Dann ziehen Sie Arm und Bein diagonal unter dem Körper zusammen, bis sich Ellbogen und Knie berühren.
> Die Übung abwechselnd auf beiden Seiten ausführen, bis Sie alle Wiederholungen absolviert haben.

* Rücken gerade halten

Level A 6–8 x | B 8–10 x | C 10–12 x

1 2 3 4 5 6 Bitte ankreuzen von 1 (sehr leicht) bis 6 (sehr schwer).

Woche 3

4. Tag

Klopfkur So werden Sie ganz schnell wieder fit: Ballen Sie beide Hände locker zu Fäusten und klopfen Sie den ganzen Körper damit ab – von den Füßen bis zum Kopf. Beginnen Sie auf der rechten Seite und wechseln Sie dann zur linken.

Bewegung im Bett Strecken Sie die Beine in die Luft und schütteln Sie sie kräftig aus. Räkeln und dehnen Sie sich genüsslich. Bringen Sie linkes Knie und rechten Ellbogen zusammen, dann rechtes Knie und linken Ellbogen – je sechsmal. Das harmonisiert die beiden Gehirnhälften.

Chinesische Gemüsepfanne 4 getrocknete Mu-Err-Pilze | 75 g Naturreis | Salz | 2 Frühlingszwiebeln | 1/2 grüne Paprika | 1 Zucchini | 150 g Sojabohnensprossen (aus dem Glas) | 1 EL Öl | 1/2 Knoblauchzehe | 1 EL Sojasauce | Pfeffer, Curry

1 Die Pilze 15 Minuten in heißem Wasser einweichen.
2 Den Reis in Salzwasser bissfest garen.
3 Frühlingszwiebeln, Paprika und Zucchini waschen und putzen. Pilze abbrausen. Alles in Streifen schneiden. Sojasprossen abtropfen lassen.
4 Öl erhitzen. Gemüse, Pilze und Sprossen darin kurz anbraten. Knoblauch dazu pressen.
5 Mit Sojasauce, Pfeffer und Curry würzen und mit dem Reis anrichten.

Für die Arme

*Bauchnabel nach innen ziehen

Level A 8–12 x B 12–15 x C 15–20 x

*Oberkörper ruhig halten

Level A 8–12 x B 12–15 x C 15–20 x

Freie Kickbacks

_Ausgangsposition:
› Aufrechter Stand. Die Füße stehen hüftbreit auseinander, die Beine sind leicht gebeugt. Neigen Sie den Oberkörper mit geradem Rücken nach vorn. Kopf und Wirbelsäule bilden eine Linie.
› In jeder Hand halten Sie eine Hantel. Ober- und Unterarme bilden einen rechten Winkel. Die Oberarme sind parallel zum Boden. Die Handflächen zeigen zueinander.

_Bewegung:
› Mit dem Ausatmen strecken Sie die Unterarme nach hinten, ohne die Ellbogen jedoch ganz durchzudrücken.
› Beim Einatmen gehen Sie langsam in die Ausgangsposition zurück.

_Variante zu Kickbacks:
So wird's schwerer: Spannen Sie in der Endposition den Trizeps noch einmal bewusst an, um den Schwierigkeitsgrad zu erhöhen.

Definition Curls

_Ausgangsposition:
› Stehen Sie aufrecht und ziehen Sie die Schultern aktiv nach hinten-unten. Die Arme liegen am Körper.
› Nehmen Sie in jede Hand eine Hantel. Die Handflächen zeigen nach innen, die Daumen nach oben.

_Bewegung:
› Führen Sie die Hanteln nun ohne Schwung so weit es geht nach oben.
› Senken Sie sie anschließend wieder ab, ohne dabei den Arm am Ende ganz durchzustrecken. Halten Sie Ihre Handgelenke während des gesamten Satzes stabil.

Bitte ankreuzen von 1 (sehr leicht) bis 6 (sehr schwer).

Woche 3

Raus aus der Höhle Fühlen wir uns schlecht, verkriechen wir uns. Falsch! Greifen Sie lieber zum Telefon und verabreden Sie sich mit Freunden zu einem ausgiebigen Spaziergang. Oder entspannen Sie sich in der Sauna. Dadurch bessert sich Ihre Laune viel schneller wieder als beim Trübsalblasen.

Laufen Sie los Walken und Laufen sind ideale Sportarten, die sich gut in den Alltag integrieren lassen. Sie benötigen weder teures Equipment noch einen Verein. Stattdessen können Sie immer und überall loslaufen. Anfangs ist es dabei sinnvoll, sich nicht an Distanzen zu orientieren, sondern über eine bestimmte Zeit zu trainieren. Ideal: dreimal pro Woche 20 bis 30 Minuten.

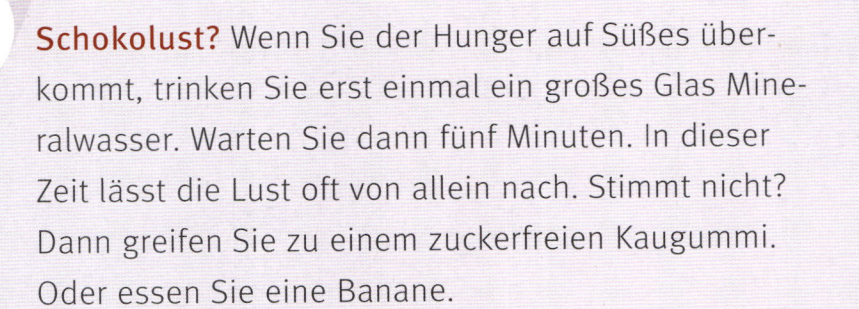

Schokolust? Wenn Sie der Hunger auf Süßes überkommt, trinken Sie erst einmal ein großes Glas Mineralwasser. Warten Sie dann fünf Minuten. In dieser Zeit lässt die Lust oft von allein nach. Stimmt nicht? Dann greifen Sie zu einem zuckerfreien Kaugummi. Oder essen Sie eine Banane.

WORKOUT-ZIRKEL
Straffen, stärken, Spaß haben

Kontinuität ist die wichtigste Voraussetzung für spürbare Ergebnisse. Nur wenn Sie regelmäßig trainieren, können Sie Ihr Nervensystem umprogrammieren.

> Qualität statt Quantität: Achten Sie beim Üben auf die richtige Haltung, ein gleichmäßiges Tempo und die nötige Körperkontrolle. Passen Sie den Bewegungsrhythmus der Atmung an – nicht umgekehrt. Die Phase des betonten Krafteinsatzes sollte immer mit der Ausatmung zusammenfallen.

> Trainieren Sie Ihre Muskeln stets über den gesamten Bewegungsradius. Halten Sie die Muskelspannung konstant aufrecht. Ideal ist es, wenn die belasteten Gelenke stets leicht gebeugt sind.

> Durch tägliches Training kann sich Ihr Körper wachsenden Ansprüchen anpassen. Sie müssen dazu Ihre Muskeln nur regelmäßig vor immer größere Herausforderungen stellen. Je besser Sie werden, desto härter müssen Sie jedoch für weitere Fortschritte trainieren. Aber keine Sorge: Die Zeiten rascher Erfolge sind noch nicht vorbei. Vorausgesetzt, Sie zeigen weiterhin vollen Einsatz.

> Ein kleines »Bonbon«: Je mehr Sie Ihre Muskeln trainieren, desto mehr Fett verbrennen Sie auch nach dem Training, im Alltag und sogar im Schlaf. Denn Ihr Grundumsatz erhöht sich mit jedem zusätzlichen Gramm schlanker Muskeln.

Woche 3

Bitte ankreuzen von 1 (sehr leicht) bis 6 (sehr schwer).

Unser Körper ist unser Garten, und unser Wille der Gärtner.

WILLIAM SHAKESPEARE, englischer Dichter (1564–1616)

Ein Sieg, der nicht bemerkt wird, ist keiner
Halten Sie sich Ihre Fortschritte schwarz auf weiß vor Augen. Wiederholen Sie den Fitness-Test ab Seite 4, um zu sehen, was das Training bisher gebracht hat.

Fertig? Dann ermitteln Sie Ihre aktuelle Punktzahl. Auch wenn einige Ergebnisse vielleicht nicht ganz Ihren Erwar-

tungen entsprechen: Stecken Sie nicht gleich den Kopf in den Sand. Freuen Sie sich lieber, dass Sie herausgefunden haben, wo es hapert. Denn so können Sie Ihre Schwachstellen ganz gezielt trainieren und Ihrer Traumfigur Schritt für Schritt näher kommen. Sie können sicher sein: In drei weiteren Trainingswochen sieht die Welt schon wieder ganz anders aus – nur Mut. Wiederholen Sie am Finale des Programms den Fit-Check ein zweites Mal und freuen Sie sich auf das Ergebnis.

Level A   Weniger als 6 Punkte: Das Programm kann nur funktionieren, wenn Sie es auch wirklich umsetzen – und das sollte in den nächsten Wochen Ihr Ziel sein. Zu viele Veränderungen? Dann konzentrieren Sie sich jede Woche auf zwei bis drei davon. Haben Sie deutlich unter sechs Punkten oder fallen Ihnen die Übungen der zweiten Runde zu schwer, können Sie auch noch einmal die letzten 21 Tage wiederholen, ehe Sie zum Endspurt durchstarten.

Level B   6–11 Punkte: Die ersten schweren Schritte haben Sie bereits gemeistert. Trotzen Sie weiterhin dem Stress, bleiben Sie aktiv und ernähren Sie sich gesund. Sollte Ihnen trotz wachsender Fitness die eine oder andere Übung in den nächsten Wochen zu schwer fallen, absolvieren Sie sie einfach im niedrigeren Level.

Level C   12–15 Punkte: Gratulation, Sie sind auf dem besten Weg, Ihr Figurprogramm erfolgreich abzuschließen. Starten Sie mit Schwung in die zweite Runde – fit genug sind Sie. Wenn es Ihnen doch einmal zu schwer wird, reduzieren Sie einfach auf Level B.

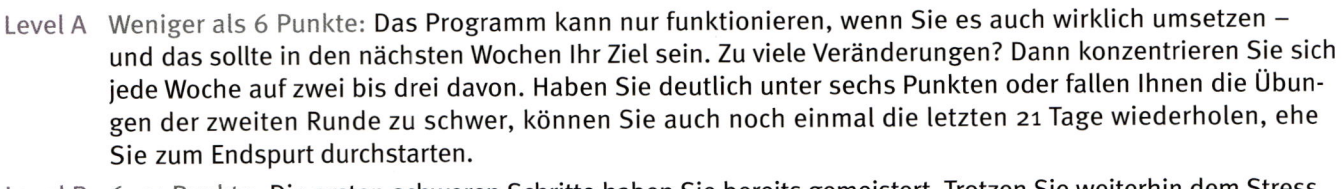

Zur Entspannung

Halbe Kerze

_Ausgangsposition:
> Legen Sie sich auf den Rücken.
> Atmen Sie tief ein und entspannen Sie Ihre Muskeln.

_Bewegung:
> Mit dem Ausatmen heben Sie die Hüfte, schieben die Handflächen unter den Po und stützen mit den Händen das Becken. Bringen Sie die Füße bis über den Kopf.
> Versuchen Sie, die Position 2 bis 3 Minuten zu halten.
> Atmen Sie tief ein und rollen Sie sich langsam wieder in die Ausgangsposition zurück.
> Spüren Sie 2 bis 3 Minuten nach.

Füße* über dem Kopf

Level A 2–3 min. B 2–3 min. C 2–3 min.

*Handrücken sind am Boden

Level A 2–3 min. B 2–3 min. C 2–3 min.

Kindeshaltung

_Ausgangsposition:
> Knien Sie sich auf den Boden und legen Sie Ihren Oberkörper auf den Oberschenkeln ab.
> Die Arme liegen seitlich neben dem Körper, die Handrücken berühren den Boden. Die Stirn liegt am Boden.

_Bewegung:
> Schließen Sie die Augen und atmen Sie ein paar Minuten tief und ruhig in den Rücken hinein. Ziehen Sie sich mit all Ihren Sinnen von der Außenwelt zurück. Geben Sie dabei noch die letzte Spannung Ihres Körpers ab.
> Um aus der Haltung zu gehen, strecken Sie die Arme weit nach vorn und atmen 5- bis 10-mal tief durch.

1 2 3 4 5 6 Bitte ankreuzen von 1 (sehr leicht) bis 6 (sehr schwer).

Woche 3

HALBZEIT – SIE SIND ETAPPENSIEGERIN

Die dritte Woche ist vorüber. Vielleicht können Sie das Ergebnis Ihrer Bemühungen noch nicht im Spiegel sehen. Aber sicher spüren Sie bereits, wie gut Ihnen das neue Leben tut. Die Muskeln fühlen sich kräftiger an und der Körper steht unter einer angenehmen Spannung. Die **Basis für Ihre Wunschfigur** ist dadurch bereits gelegt. Vielleicht schlafen Sie auch besser, sind weniger nervös und haben keine Heißhungerattacken mehr. Ihre Laune ist besser, Sie fühlen sich vitaler, haben **mehr Power** und lassen sich nicht mehr so leicht stressen. Im Grunde wäre all das bereits Lohn genug. Aber Sie können noch mehr tun.

Ab morgen sorgen **verschärfte Übungsvarianten** für mehr Abwechslung, neue Herausforderungen und weitere Erfolge. Dafür wurden Übungen ausgewählt, die nicht nur gezielt die Muskelpartien an Bauch, Beinen und Po kräftigen, sondern **ganze Muskelketten** auf einmal trainieren. Dazu kommen verschiedene Bewegungselemente, die Ihre **Balance und Koordination** schulen. Klar, das verlangt auch ein wenig mehr Einsatz von Ihnen. Sollten bei der einen oder anderen Variante Probleme auftreten, ist das aber noch lange kein Grund für einen Motivationsknick. Schöpfen Sie einfach aus dem Workout-Fundus der vergangenen Wochen und greifen Sie auf eine der vorherigen Übungen zurück.

Die Intensität der Trainingszirkel wird in den kommenden drei Wochen nach und nach weiter gesteigert. Die Devise lautet: **kurz, aber hart.** Verschwenden Sie also keinen Gedanken an eine Pause. Denn bei diesem Programm ist **Höchstleistung** gefragt. Gleichzeitig sollten Sie die Übungen so präzise und kontrolliert wie möglich ausführen. Der Clou daran: Sie bauen schlanke Muskeln auf und trainieren gleichzeitig Ihr Herz-Kreislauf-System. **Level A** startet dazu wie in den vergangenen Wochen mit je **einem Durchgang**, **Level B** mit **zwei Durchgängen**, **Level C** erhöht einheitlich auf **drei Durchgänge**.

Super, die ersten Wochen haben Sie geschafft. Wenn Sie weiter dranbleiben, kommen Sie Ihrem Ziel noch näher.

Es geht voran

Auch wenn es manchmal scheint, als müssten Sie mit aller Kraft gegen den Fluss Ihres gewohnten Lebens anschwimmen: Sie haben den magischen Punkt bereits erreicht. Von jetzt an genügt ein kleiner Schub, um sich selbst zu überwinden, sollte die Motivation mal nachlassen. Natürlich kostet es Energie, weiter vorwärts zu gehen. Aber Sie werden dafür belohnt. Außerdem kostet es mindestens genauso viel Kraft, unzufrieden auf der Stelle zu treten.

Auftakt in die zweite Runde

- Haben Sie alles geschafft, was Sie sich zu Beginn des Programms vorgenommen haben? Oder sind Sie zwischendurch schwach geworden? Keine Bange, ein Rückfall in **alte Verhaltensmuster** ist kein Beinbruch. Werten Sie die Fehlversuche als **Erfahrung,** aus der Sie lernen können. Fragen Sie sich: »Warum wurde ich schwach? Was muss ich das nächste Mal besser machen? Was ist mir besonders schwer gefallen?« So können Sie ganz gezielt an Ihren Schwächen arbeiten.

- Analysieren Sie ehrlich, was Ihnen das regelmäßige Training und die ein oder andere Lebensumstellung gebracht haben. Legen Sie eine **Plus-Minus-Liste** an. Sie werden schnell sehen, dass die positiven Effekte überwiegen: Sie fühlen sich einfach besser, haben **mehr Energie,** sind entspannter und gelassener. Und ganz nebenbei haben Sie wahrscheinlich noch abgenommen.

- Nehmen Sie die Übersicht als Ansporn, um in den nächsten Tagen und Wochen gezielt an Ihren persönlichen Schwachpunkten zu arbeiten. Behalten Sie dabei immer Ihre ursprünglichen **Ziele** im Auge. Machen Sie sich täglich aufs Neue klar, wie Sie Ihr Leben bisher positiv verändert haben und was Sie noch erreichen wollen.

- Bereiten Sie sich auf das Finale vor. Sie brauchen ein Bewusstsein für das, was Sie ändern müssen: den Glauben an Ihre **Fähigkeit, neue Wege zu gehen,** die Verpflichtung gegenüber Ihrem Vorhaben sowie die Disziplin und den Willen, an diesem festzuhalten. Vertrauen Sie in sich selbst, Sie schaffen es.

Ruhe atmen Konzentrieren Sie sich einen Moment lang auf Ihren Atem, das beruhigt. Schieben Sie den Bauch heraus, als würden Sie einen Ballon aufblasen, und bewegen Sie den Brustkorb dabei so wenig wie möglich. Mit dem Ausatmen lassen Sie die Schultern bewusst sinken. Pressen Sie alle Luft aus dem Bauch, als würden Sie das Wasser aus einem Schwamm drücken. Atmen Sie auf diese Weise zweimal vollständig ein und aus.

Straffende Zupfmassage So machen Sie es den Fettzellen richtig ungemütlich: Geben Sie etwas Mandel- oder Sesamöl auf die Fingerspitzen und bearbeiten Sie Bauch und Taille mit schnellen, kleinen Zupfbewegungen von Daumen, Zeige- und Mittelfinger, bis sich die Haut leicht rötet.

Frühlingstopf 150 g Schweine- oder Putenschnitzel | 1 Bund Frühlingszwiebeln | 1 Möhre | 100 g Erbsen (TK) | Salz | 1 EL Öl | Pfeffer | 1 TL Zitronensaft | Muskatnuss

1 Das Fleisch in Würfel schneiden. Frühlingszwiebeln waschen, putzen und in feine Ringe schneiden. Möhre schälen und ebenfalls würfeln.
2 Gemüse in etwas Salzwasser bissfest dünsten.
3 Öl erhitzen. Das Fleisch darin rundum anbraten. Gemüse unterrühren. Salzen, pfeffern und mit Zitronensaft sowie Muskat abschmecken.

Für den Bauch

Belastung vom Bauchnabel abwärts spürbar

Level A | 6–8 x | B | 8–10 x | C | 10–12 x

Schulterblätter vom Boden lösen

Level A | 10–15 x | B | 15–20 x | C | 20–25 x

Beckenheben

_Ausgangsposition:
> Legen Sie sich auf den Rücken und stabilisieren Sie den Oberkörper mit den Armen. Pressen Sie die Hände in den Boden. Die Handflächen zeigen nach unten.
> Die Beine anheben. Kopf und Schultern bleiben am Boden.

_Bewegung:
> Beim Ausatmen spannen Sie die untere Bauchmuskulatur an und ziehen Beine und Becken in Richtung Brustkorb. Der Nacken bleibt dabei ganz entspannt. Bringen Sie die Füße nicht über Kopfhöhe nach hinten. Ganz wichtig: Spannen Sie die Bauchmuskeln so fest es geht an, der Bewegungsumfang ist nicht entscheidend.
> Dann geht es langsam und kontrolliert wieder zurück.
> Legen Sie das Becken nicht ganz ab und heben Sie es ohne eine Pause zu machen gleich wieder an.

Seitbeuge

_Ausgangsposition:
> Bleiben Sie am Boden liegen. Winkeln Sie die Beine an und stellen Sie beide Fersen am Boden auf.
> Für die Startposition die Schulterblätter vom Boden heben. Der linke Arm geht zum Kopf, die rechte Hand liegt auf dem Bauch. So können Sie während der Bewegung kontrollieren, wie die Bauchmuskeln arbeiten.

_Bewegung:
> Neigen Sie den angehobenen Oberkörper zur linken Seite und rollen Sie ihn ein. Achten Sie dabei unbedingt auf einen ruhigen Bewegungsablauf.
> Nach einem Satz Wiederholungen senken Sie den Oberkörper wieder ab und wechseln die Seite.

Bitte ankreuzen von 1 (sehr leicht) bis 6 (sehr schwer). | 1 | 2 | 3 | 4 | 5 | 6 |

Woche 4

1. Tag 2. Tag 3. Tag 4. Tag 5. Tag 6. Tag 7. Tag

Gegenwärtig sein Oft entstehen Stress und Sorgen, weil wir zu sehr an die Zukunft oder Vergangenheit denken. Fragen Sie sich deshalb immer: Habe ich in diesem Moment wirklich Grund, mir Sorgen zu machen? Genießen Sie jeden Augenblick, jede Empfindung – im nächsten Moment ist sie Vergangenheit. Üben Sie bewusst, im Jetzt zu leben, indem Sie sich ganz auf das konzentrieren, was Sie gerade tun. Selbst beim Gemüseschneiden.

Flacher Bauch, sexy Busen

Stellen Sie sich vor, Ihr Kopf wäre durch einen Faden mit dem Himmel verbunden. Wird er gespannt, zieht er Sie nach oben. Die Wirbelsäule streckt sich, die Schultern sinken, der Brustkorb öffnet sich und sogar der Bauch wird automatisch viel straffer.

Paprika-Quark-Schnitten 50 g Magerquark | Salz, Pfeffer | Paprikapulver | 1/2 rote oder gelbe Paprikaschote | 1 Scheibe Vollkornbrot | 1 TL Sonnenblumenkerne | 1 EL gehackter Schnittlauch

1 Quark mit etwas Mineralwasser glatt rühren. Mit Salz, Pfeffer und Paprikapulver würzen.
2 Paprika putzen und waschen. Einen Teil fein würfeln, den anderen in Streifen schneiden.
3 Die Paprikawürfel unter den Quark rühren und das Brot damit bestreichen. Mit Sonnenblumenkernen, Schnittlauch und Paprikastreifen garnieren.

Für die Beine

Brustbein ★ aufrichten

Level A | 8–10 x B | 10–12 x C | > 12 x

★ Bein stets unter Spannung halten

Level A | 15–20 x B | 20–25 x C | 25–30 x

Einbeinige Kniebeugen

_Ausgangsposition:
> Stellen Sie sich mit einer großen Schrittlänge Abstand rücklings vor einen Stuhl.
> Legen Sie den rechten Fuß auf der Sitzfläche ab. Strecken Sie die Arme zur Seite.
> Wenn Sie stabil stehen, heben Sie das Brustbein an und halten den Rücken bewusst gerade.

_Bewegung:
> Beugen Sie das linke Knie und gehen Sie so weit nach unten, bis sich der linke Oberschenkel ungefähr parallel zum Boden befindet.
> Drücken Sie sich dann kraftvoll, aber kontrolliert wieder nach oben ab.
> Nach einem Satz Wiederholungen die Seite wechseln.

Bein-Push

_Ausgangsposition:
> Legen Sie sich auf die linke Seite. Das untere Bein ist nach hinten angewinkelt. Der Kopf ruht auf dem linken Arm. Mit dem rechten Arm stützen Sie sich leicht vor dem Körper ab.
> Bauch- und Rückenmuskulatur anspannen, den Rücken gerade halten. Heben Sie das obere gestreckte Bein etwas an. Die Fußspitze zeigt während der gesamten Übung nach vorn.

_Bewegung:
> Heben Sie das rechte Bein langsam so weit wie möglich an. Rumpf und Becken dabei nicht mitbewegen.
> Bein wieder senken, aber nicht ganz am Boden ablegen.
> Nach einem Satz Wiederholungen wechseln Sie die Seite.

Bitte ankreuzen von 1 (sehr leicht) bis 6 (sehr schwer). | 1 | 2 | 3 | 4 | 5 | 6 |

Woche 4

Cool durch heiße Phasen Vermeiden Sie unnötigen Stress, indem Sie Zeitfallen sicher umgehen. Die häufigsten sind: unangenehme Aufgaben aufschieben, zu viel auf einmal machen wollen, planlos drauflosarbeiten, nicht Nein sagen können und ein übertriebener Perfektionismus.

Kleine Erholung zwischendurch Der Nacken ist die Region des Körpers, die uns am ehesten mit Verspannungen plagt. Tun Sie etwas dagegen: Legen Sie die rechte Hand auf die linke Schulter und massieren Sie mit leichtem Druck die Schulterstränge in Richtung Hals. Wiederholen Sie dann die Massage auf der anderen Seite. Sie spüren sofort, wie gut das tut.

Machen Sie Schluss Sortieren Sie für die nächsten fünf Wochen alle fettreichen und süßen Nahrungsmittel aus Kühlschrank und Vorratskammer. So kommen Sie gar nicht erst in Versuchung zu naschen. Legen Sie sich stattdessen einen Vorrat an hochwertigen Nahrungsmitteln zu, aus denen Sie sich ein gesundes Essen zubereiten können.

Für den Po

Ausfallschritt nach vorn

_Ausgangsposition:
> Stehen Sie mit geschlossenen Füßen aufrecht. Die Hände sind in die Hüften gestemmt, das Becken ist gerade.

_Bewegung:
> Machen Sie mit dem rechten Bein einen großen Ausfallschritt nach vorn. Senken Sie das linke Knie tief ab. Das rechte Knie bewegt sich dabei nicht nach innen. Das Becken bleibt stabil.
> Verweilen Sie kurz in dieser Haltung, ehe Sie wieder in die Ausgangsposition zurückkehren.
> Nach einem Satz Wiederholungen wechseln Sie das Bein.

★ Kniegelenk bleibt hinter den Zehenspitzen

Level A 10–15 x | B 15–20 x | C 20–25 x

★ Bauchmuskeln anspannen

Level A 10–15 x | B 15–20 x | C 20–25 x

Po-Kick

_Ausgangsposition:
> Knien Sie sich auf den Boden und stützen Sie sich auf die Unterarme. Die Knie befinden sich unter den Hüften, die Ellbogen unter den Schultern. Die Hände sind unter dem Kopf zu Fäusten geballt.

_Bewegung:
> Mit dem Ausatmen heben Sie das rechte Bein auf Hüfthöhe an. Halten Sie die Position 2 bis 3 Sekunden.
> Atmen Sie ein und senken Sie das Bein langsam wieder.
> Nach einem Satz Wiederholungen wechseln Sie die Seite.

_Variante zu Po-Kick:
So wird's schwerer: Klemmen Sie sich eine Hantel in die Kniekehle des arbeitenden Beins. Drücken Sie Ober- und Unterschenkel zusammen, um das Gewicht zu fixieren.

Bitte ankreuzen von 1 (sehr leicht) bis 6 (sehr schwer). 1 2 3 4 5 6

Woche 4

Meditieren Sie Meditation befreit den Geist. Ein einfacher Einstieg: Blicken Sie ein paar Minuten aus dem Fenster. Betrachten Sie die vorbeiziehenden Wolken oder sich wiegende Baumwipfel. Je häufiger Sie sich in der stillen Betrachtung üben, desto tiefer können Sie entspannen. Sehen Sie die Zeit des Meditierens als ein Geschenk, unabhängig davon, wie erfolgreich Sie bei dieser Übung sind.

Geheim-Workout Müssen Sie mal wieder den ganzen Tag sitzen? Heben Sie immer wieder die Fersen an – erst rechts und links im Wechsel, dann beide Seiten gleichzeitig. Das kräftigt die Wadenmuskeln und fördert die Durchblutung der Venen.

Gebratener Lachs auf Feldsalat 1 Lachssteak | Salz, Pfeffer | 1 TL Zitronensaft | 100 g Feldsalat | 1 Tomate | 5 Radieschen | 1 Möhre | 1/2 Zwiebel | 3 TL Öl | 1 TL Essig | je 1/2 TL Senf und Honig

1 Lachs von beiden Seiten salzen und pfeffern und mit Zitronensaft beträufeln. Kurz marinieren lassen.
2 Feldsalat putzen und waschen. Tomate und Radieschen waschen und würfeln. Möhre schälen und raspeln. Zwiebel abziehen und fein würfeln.
3 Aus 2 TL Öl, Essig, Senf, Honig, Salz und Pfeffer ein Dressing rühren. Über den Salat geben.
4 Das restliche Öl erhitzen und den Fisch von beiden Seiten je 5 Minuten darin braten.

Für Brust und Rücken

Oberkörper ★ unter Spannung halten

Level A 6–8 x B 8–10 x C 10–12 x

Hantel ★ dicht am Körper entlang führen

Level A 10–15 x B 15–20 x C 20–25 x

Easy-Stütz

_Ausgangsposition:
> Sie liegen auf dem Bauch. Die Beine sind leicht angewinkelt, die Füße überkreuzen sich.
> Ballen Sie die Hände zu Fäusten und stellen Sie sie auf. Diese Handhaltung ist zwar ungewohnt, aber sie schont die Handgelenke. Ein gefaltetes Handtuch unter Händen und Knien macht es bequemer.

_Bewegung:
> Drücken Sie sich in einer fließenden Bewegung mit den Armen nach oben. Der Blick geht zum Boden.
> Beugen Sie die Arme langsam wieder, bis der Oberkörper den Boden fast berührt.

Lat-Zug

_Ausgangsposition:
> Machen Sie mit dem linken Bein einen Ausfallschritt nach vorn. Stützen Sie sich mit dem linken Unterarm auf dem Oberschenkel ab. Der Rücken ist gerade, der Bauch angespannt.
> In der rechten Hand halten Sie eine Hantel (Handfläche zeigt zum Körper).

_Bewegung:
> Ziehen Sie das Gewicht mit dem Ausatmen nah am Körper nach oben, bis sich die Hand auf Höhe der Rippen befindet. Den Ellbogen dabei dicht am Körper halten und die Schulter nicht durch das Gewicht der Hantel nach unten ziehen lassen.
> Den Arm langsam wieder senken.
> Nach einem Satz Wiederholungen die Seite wechseln.

_Variante zu Easy-Stütz:
So wird's schwerer: **Arme halb beugen, dann eine kurze Pause machen. Erst jetzt die Arme weiter beugen, bis Sie fast den Boden berühren. Zurück wiederum auf halbem Weg einen Moment pausieren.**

Bitte ankreuzen von 1 (sehr leicht) bis 6 (sehr schwer). 1 2 3 4 5 6

Woche 4

Lassen Sie es bimmeln Auch wenn das Telefon heute mal wieder ohne Unterbrechung klingelt: Atmen Sie erst einmal tief durch, bevor Sie zum Hörer greifen. Mit diesem Trick kommen übrigens sogar Profi-Telefonisten entspannter durch den Tag. Und Ihre Stimme klingt ganz nebenbei auch noch ruhiger.

Setzen Sie eine Belohnung aus Wer so fleißig trainiert wie Sie, darf sich auch einmal etwas gönnen. Wie wäre es mit einem Blumenstrauß oder einer duftenden Bodylotion für die vergangenen vier Wochen? Wenn Sie schon eine Kleidergröße schlanker sind, könnte es auch eine neue Jeans sein.

Dinner Cancelling Lassen Sie von nun an zwei- bis dreimal in der Woche einfach mal das Abendessen ausfallen. Klar, der Körper speichert überflüssige Kalorien um acht Uhr morgens genauso wie abends. Aber zu später Stunde kann er eher auf Energie verzichten, weil er um diese Zeit eine Menge Reparatur- und Erneuerungsarbeiten zu verrichten hat. Nehmen Sie deshalb hin und wieder ab 17 Uhr nur noch kalorienfreie Getränke zu sich. Wer nachts leicht Hunger bekommt, trinkt Früchtetee. Besonders wirksam und lecker: Hibiskus-Apfel-Tee mit einer Prise Zimt. Am besten probieren Sie es gleich morgen aus.

Für die Arme

Schultern zeigen nach vorn

Level A 8–12 x B 12–15 x C 15–20 x

Handgelenk gerade halten

Level A 8–12 x B 12–15 x C 15–20 x

Einarmiger Liegestütz

_Ausgangsposition:
› Legen Sie sich auf die linke Seite. Den linken Arm schlingen Sie um den Bauch. Mit dem rechten stützen Sie sich unterhalb des Brustkorbs vor dem Körper ab.
› Die Knie so anwinkeln, dass Ober- und Unterschenkel einen 45-Grad-Winkel bilden. Der Rücken bleibt gerade, die Taille stabil. Die Schulterblätter zusammenziehen, um die Brust zu öffnen.

_Bewegung:
› Strecken Sie den rechten Arm fast durch. Dadurch richtet sich der Oberkörper auf, ohne sich zu verdrehen. Heben Sie den Kopf leicht an, so dass er eine Linie mit der Wirbelsäule bildet.
› Den Rumpf langsam wieder senken, ohne den Boden dabei ganz zu berühren. Die Spannung im rechten Oberarm bleibt bestehen.
› Jetzt drücken Sie sich wieder hoch.
› Nach einem Satz Wiederholungen wechseln Sie die Seite.

Concentration Curls

_Ausgangsposition:
› Sie sitzen auf einer Stuhlkante, die Füße stehen etwa hüftbreit auseinander. Der Oberkörper ist gerade und leicht nach vorn gebeugt. Kopf, Hals und Rücken bilden eine Linie.
› Stützen Sie sich mit der linken Hand auf dem linken Oberschenkel ab. In der rechten halten Sie eine Hantel. Lassen Sie den Arm zunächst so nach unten hängen, dass er eine Linie mit der Schulter bildet. Fixieren Sie den Arm, indem Sie den Ellbogen oberhalb des Knies an die Innenseite des rechten Oberschenkels legen.

_Bewegung:
› Ohne die Position des rechten Arms zu verändern, führen Sie die Hantel konzentriert nach oben bis auf die Höhe des Schlüsselbeins.
› Die Hantel anschließend langsam wieder absenken.
› Nach einem Satz Wiederholungen ist der linke Arm an der Reihe.

Bitte ankreuzen von 1 (sehr leicht) bis 6 (sehr schwer).

| 1 | 2 | 3 | 4 | 5 | 6 |

Woche 4

Seien Sie gut zu sich Schon Buddha sagte: »Wenn unser Mitgefühl nicht auch uns selbst umfasst, ist es nicht vollständig.« Achten Sie deshalb darauf, wie Sie über sich selbst urteilen, und seien Sie nicht zu hart mit sich.

Kardio-Intermezzo Ab morgen springen Sie nach jeder Übung Ihres Workout-Zirkels ein paar Takte Seil. Das pusht die Ausdauer, trainiert die Koordination und erhöht die Körperspannung. So klappt es mit der Technik: Oberarme und Ellbogen dicht am Körper halten. Der erste Schwung kommt aus dem Unterarm, alle weiteren nur noch aus dem Handgelenk. Beugen Sie die Knie leicht und springen Sie gerade so hoch, dass das Seil unter den Füßen durchpasst. Auf die Haltung achten: Kopf aufrecht, Kinn zur Brust, Blick zum Boden, Schultern tief.

Vorsicht bei den vier Ws Heute steht ein Dinner Cancelling an. Für den Rest des Tages gilt wie sonst auch: Meiden Sie weiße Teigwaren, weißen Reis, weißes Brot und weißen Zucker. Die einfachen Kohlenhydrate enthalten kaum Vitalstoffe, aber jede Menge Kalorien und lassen den Blutzuckerspiegel schnell in die Höhe schießen, ehe er ebenso rasch wieder absinkt. Die Folge: Der Körper verlangt Nachschub. Und das ist schlecht für die schlanke Linie.

WORKOUT-ZIRKEL
Topform in kürzester Zeit

Mit dem Zirkeltraining können Sie Ihren Trainingsaufwand auf ein Minimum reduzieren. Vorausgesetzt, Sie beachten in den kommenden Wochen die folgenden Schritte.

› Überlegen Sie, wo der Muskel sitzt, den Sie trainieren möchten. Wie fühlt er sich an, wenn er in Aktion ist? Spannen Sie ihn einmal kurz an. So wird klar, von wo die Kraft ausgehen muss. Und: Überprüfen Sie während der Übung immer wieder die Grundhaltung. Level A macht ein bis zwei Durchgänge, Level B zwei und Level C drei.

› Stellen Sie sich den Ablauf der Übung erst einmal im Geiste vor. Studien haben nämlich gezeigt, dass bereits die Visualisierung die Muskeln stimuliert. Führen Sie konzentriert jede Wiederholung innerlich aus. Sehen Sie die Bewegung und spüren Sie sie fast?

› Machen Sie sich bewusst, wie wichtig die geistige Einstellung für Ihre Veränderungsarbeit ist. Wer sich dem Training mit Körper, Geist und Seele widmet, vervielfacht den Effekt.

› Ab dieser Woche neu im Workout-Zirkel: das Kardio-Intermezzo (siehe Seite 60). Vergessen Sie also nach jeder Übung das Seilspringen nicht. Level A und B machen mindestens 25 Sprünge, Level C sollte mindestens 40 schaffen.

Bitte ankreuzen von 1 (sehr leicht) bis 6 (sehr schwer).

| 1 | 2 | 3 | 4 | 5 | 6 |

Woche 4

Nur wer sein Ziel kennt, findet den Weg.

LAOTSE, chinesischer Philosoph (4.–3. Jh. v. Chr.)

Der Wochen-Check-up: Der wichtigste »Muskel« beim Training ist Ihr Geist. Denn das Zusammenspiel von Körper und Psyche ist einer der wesentlichen Erfolgsfaktoren.

Trainingsdauer: Wie viele Minuten haben Sie sich diese Woche mehr bewegt? Haben Sie die Zehn-Prozent-Quote erreicht? Ihre Trainingsdauer: Minuten

Ruhepuls: Die Spanne für den Ruhepuls liegt zwischen 100 Schlägen pro Minute bei Untrainierten und unter 40 bei Leistungssportlern. Wo können Sie sich mittlerweile einordnen? Ihr Ruhepuls:

Intensität: Ermitteln Sie, wie anstrengend das Wochen-Workout durchschnittlich war.

1	2	3	4	5	6

Selbst-Check: Je öfter Sie mit »Ja« antworten, desto näher sind Sie Ihren Zielen gekommen.

	Ja	Nein
Ich habe Chips, Schokolade und Co. aus meinen Vorratsschränken verbannt.	Ja	Nein
Ich esse fünfmal am Tag frisches Obst und Gemüse.	Ja	Nein
Ich erweitere mein Ernährungswissen und entschärfe Fettbomben.	Ja	Nein
Immer öfter erfrische ich mich mit einer anregenden Wechseldusche.	Ja	Nein
Ein Dinner habe ich bereits gecancelt.	Ja	Nein
Anstatt Fleisch esse ich jetzt zweimal pro Woche Fisch.	Ja	Nein
Ich habe mich schon für meine bisherigen Erfolge belohnt.	Ja	Nein

Auswertung: 1–2 x Ja: Gute Ansätze sind vorhanden. Legen Sie los! Das Leben ist zu kurz, um noch zu warten.

3–4 x Ja: Sie wissen, was gesund ist und was nicht. Tun Sie noch ein bisschen mehr für sich.

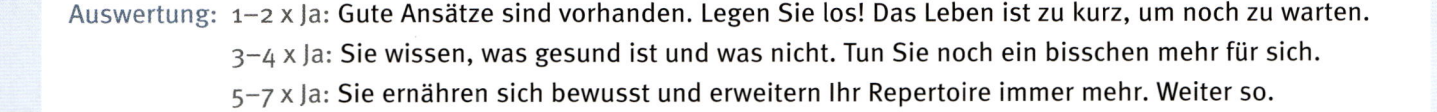

5–7 x Ja: Sie ernähren sich bewusst und erweitern Ihr Repertoire immer mehr. Weiter so.

Zur Entspannung

Drehsitz

_Ausgangsposition:
> Sie sitzen mit gestreckten Beinen auf dem Boden. Ziehen Sie das rechte Bein heran und setzen Sie den rechten Fuß neben der Außenseite des linken Knies flach auf den Boden.
> Legen Sie den linken Oberarm auf den rechten Oberschenkel. Der Oberkörper ist aufgerichtet.

★ Rücken ist gerade

Level A 3–5 x   B 3–5 x   C 3–5 x

_Bewegung:
> Führen Sie den rechten Arm gestreckt hinter den Rücken und berühren Sie mit den Fingern den Boden.
> Jetzt drehen Sie langsam Becken, Bauch, Oberkörper, Schultern und Kopf nach rechts. Blicken Sie über die rechte Schulter. Halten Sie die Position 3 bis 5 Atemzüge.
> Kehren Sie zur Mitte zurück und führen Sie die Übung ohne Pause noch einmal zur anderen Seite aus. Wieder 3 bis 5 Atemzüge halten.

★ Becken hält Bodenkontakt

Level A 5 x   B 5 x   C 5 x

Rücken-Relax

_Ausgangsposition:
> Legen Sie sich auf den Rücken. Kopf und Nacken sind lang gestreckt.
> Ziehen Sie beide Beine angewinkelt zum Oberköper heran. Umschlingen Sie die Knie mit den Armen und ziehen Sie sie noch ein bisschen weiter Richtung Brust.

_Bewegung:
> Heben Sie den Kopf und den oberen Rücken vom Boden und führen Sie die Stirn langsam Richtung Knie. Werden Sie ganz rund, aber kommen Sie nur so weit hoch, dass es nicht übermäßig anstrengt.
> Die Position 5 Atemzüge lang halten und anschließend langsam wieder in die flache Rückenlage zurückkehren.

Bitte ankreuzen von 1 (sehr leicht) bis 6 (sehr schwer).   1 2 3 4 5 6

Woche 4

1. Tag 2. Tag 3. Tag 4. Tag 5. Tag 6. Tag 7. Tag

63

Miese Stimmungen wegpusten Schließen Sie die Augen und stellen Sie sich die strahlende Sonne vor. Atmen Sie bewusst durch den Solarplexus ein (der Punkt etwa eine Hand breit über dem Bauchnabel). Lassen Sie mit jedem Atemzug Licht in Ihren Körper strömen. Mit dem Ausatmen hauchen Sie die Luft entspannt wieder aus, ehe Sie erneut Licht und Energie durch den Körper strömen zu lassen.

Power Walking Ideal, wenn Sie beim Joggen eine kurze Pause brauchen: Oberkörper aufrichten, Schultern nach hinten ziehen und Bauch leicht anspannen. Bei jedem Schritt die Füße bewusst von der Ferse zu den Zehen abrollen. Die angewinkelten Arme schwingen gegengleich am Körper mit.

Tofubratlinge mit Auberginen-Salat 1/2 Bund Rucola | 1/2 Aubergine | 1/2 Chilischote | 3 TL Olivenöl | 3 TL Zitronensaft | Salz, Pfeffer | 1 TL Kapern | 1/2 Zwiebel | 2 Tofubratlinge

1 Rucola waschen und klein zupfen. Aubergine putzen und würfeln. Chilischote in Streifen schneiden.
2 Aubergine und Chili in 1 TL Öl anbraten. Mit 1 EL Wasser 5 Minuten gar dünsten. Zum Rucola geben.
3 Aus 1 TL Öl, Zitronensaft, Salz, Pfeffer und Kapern ein Dressing rühren und über den Salat geben.
4 Bratlinge in einer beschichteten Pfanne braten. Zwiebelringe in 1 TL Öl frittieren. Zum Salat reichen.

Wirbelsäule *
bleibt am Boden

Level A | 10–12 x | B | 12–15 x | C | > 15 x

Becken *
bleibt stabil

Level A | 10–12 x | B | 12–15 x | C | > 15 x

Für den Bauch

Beinscheren-Crunch

_Ausgangsposition:
> Legen Sie sich mit gestreckten Beinen auf den Boden. Die Arme liegen seitlich am Oberkörper.
> Heben Sie nun beide Beine einige Zentimeter vom Boden ab.

_Bewegung:
> Spannen Sie die Bauchmuskulatur an, indem Sie den Rücken in die Unterlage drücken. Richten Sie dann Ihren Oberkörper langsam auf und heben Sie zugleich das linke gestreckte Bein so weit es geht nach oben.
> Gehen Sie langsam wieder in die Ausgangsposition zurück.
> Anschließend das rechte Bein und den Oberkörper heben.

_Variante:
So wird's leichter: Stellen Sie ein Bein angewinkelt auf.

Taillenformer

_Ausgangsposition:
> Gehen Sie in die Seitlage. Beide Beine sind gestreckt. Der Kopf liegt auf dem unteren Arm. Mit der freien Hand stützen Sie sich vor dem Körper ab.

_Bewegung:
> Jetzt heben Sie beide Beine vom Boden ab. Der Oberkörper bleibt am Boden. Das Becken kippt weder nach vorn noch nach hinten.
> Senken Sie die Beine wieder, ohne sie jedoch ganz am Boden abzulegen.
> Nach einem Satz Wiederholungen wechseln Sie die Seite.

_Variante:
So wird's schwerer: Geübte klemmen einen Ball oder ein zusätzliches Gewicht zwischen die Füße.

Bitte ankreuzen von 1 (sehr leicht) bis 6 (sehr schwer).

| 1 | 2 | 3 | 4 | 5 | 6 |

1. Tag   2. Tag   3. Tag   4. Tag   5. Tag   6. Tag   7. Tag

Woche 5

Neue Power gewinnen Kein Schwung? Probieren Sie es einmal mit der »Fledermausohrenmassage«. Ziehen Sie dazu die Ohrmuschel mit Zeigefinger und Daumen erst kräftig nach hinten, ehe Sie das ganze Ohr sanft entlang der Rundung von der obersten Spitze bis zum Ohrläppchen massieren. Dabei stimulieren Sie über 400 Akupunkturpunkte. Also: Nachspüren und die neue Energie genießen.

Lauf- und Walking-Bonus Ein kleines Extra-Workout für sexy Beine: Stellen Sie sich beim Joggen oder Walken eine Linie vor, der Sie etwa 500 Meter folgen. Setzen Sie Ihre Füße dabei möglichst voreinander auf. Das strafft die Innenschenkel. Auch gut: Öfter mal querfeldein laufen. Auf Gras oder unebenem Waldboden verbrauchen Sie mehr Kalorien als auf asphaltierten Wegen, da Kraft und Koordination stärker gefordert werden.

Brain Clicks Üben Sie konkrete Verhaltensmuster im Alltag ein, indem Sie sich sagen: »Immer wenn ich an einem Obststand vorbeikomme, kaufe ich mir eine Zwischenmahlzeit.« Ihr Gehirn lernt dadurch, die beiden Begriffe Obststand und Obst kaufen zu verbinden. Das Gleiche funktioniert auch in anderen Situationen, zum Beispiel wenn Sie während jeder Lektüre ein großes Glas Wasser trinken.
Und morgen: Dinner Cancelling.

Für die Beine

Rücken — gerade lassen

Level A | 15–20 x | B | 20–25 x | C | > 25 x

Fersen in Richtung Po ziehen

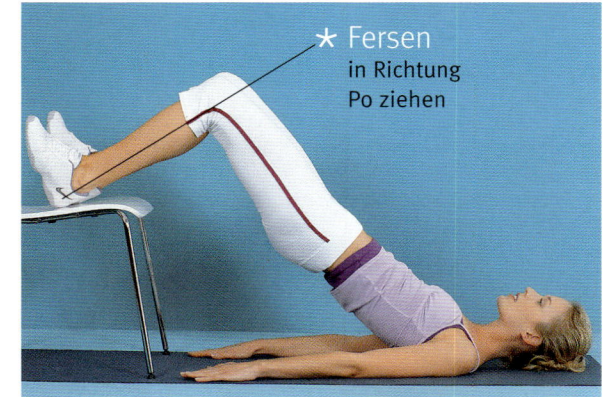

Level A | 10–12 x | B | 12–15 x | C | > 15 x

Seitlicher Ausfallschritt

_Ausgangsposition:
> Stellen Sie sich aufrecht hin, die Beine sind etwa schulterbreit geöffnet.
> Legen Sie die Hände vor der Brust fest aneinander.

_Bewegung:
> Jetzt führen Sie einen Ausfallschritt nach links aus, der Oberkörper bleibt dabei aufrecht. Beugen Sie das linke Knie, bis der Oberschenkel parallel zum Boden ist. Die Fußspitzen sind nach außen gerichtet, beide Sohlen haben vollständig Bodenkontakt.
> Gehen Sie zurück in die Ausgangsposition und wechseln Sie die Seite.

_Variante:
So wird's schwerer: Pressen Sie während der Übung die Hände so kräftig wie möglich gegeneinander und halten Sie die Spannung.

Erhöhter Beckenlift

_Ausgangsposition:
> Sie liegen auf dem Rücken. Die Unterschenkel ruhen auf einem Stuhl, die Beine sind leicht angewinkelt. Die Arme liegen am Boden, die Handflächen zeigen zum Boden.

_Bewegung:
> Heben Sie das Becken, bis Oberschenkel und Oberkörper eine gerade Linie bilden.
> Ziehen Sie nun zusätzlich die Fersen intensiv in Richtung Po.
> Position 2 bis 3 Atemzüge halten.
> Senken Sie dann das Becken wieder, ohne den Po ganz abzulegen.

_Variante:
So wird's schwerer: Ziehen Sie ein Bein so weit wie möglich zur Brust. Wenn Sie die Arme vor der Brust verschränken, wird es noch schwieriger. Denn um das Gleichgewicht zu halten, sind mehr Muskeln gefordert.

Bitte ankreuzen von 1 (sehr leicht) bis 6 (sehr schwer). | 1 | 2 | 3 | 4 | 5 | 6 |

Woche 5

Stressbremse Ein einfacher Atemtrick hilft Ihnen, in hektischen Situationen die Ruhe zu bewahren: Atmen Sie tief durch und konzentrieren Sie sich dabei auf Ihre Lieblingszahl. Sobald Ihre Gedanken versuchen abzuschweifen, richten Sie Ihre ganze Konzentration wieder auf diese Zahl.

Fitness-Training fürs Gesicht Straffe Muskeln machen Fältchen unsichtbar. Beste Übungsfolge für einen glatten Hals: Pressen Sie Ihre Hände gegen den Widerstand des Kopfs acht Sekunden gegen die Stirn. Dabei ausatmen. Tief einatmen und die Hand ebenso lange gegen den Hinterkopf drücken. Wieder ausatmen. Dann die rechte Hand flach gegen die rechte Wange, anschließend die linke Hand gegen die linke Wange drücken. Dreimal wiederholen.

Erdbeermüsli 200 g Erdbeeren (frisch oder TK, ersatzweise andere Beeren) | ½ Becher Magermilchjoghurt | 4 EL fettarme Milch | 4 EL kernige Haferflocken

1   Frische Beeren putzen, waschen und eventuell klein schneiden. Tiefgekühlte Ware auftauen.
2   Einen Teil der Beeren mit der Gabel zerdrücken und mit dem Joghurt und der Milch vermischen. Haferflocken und restliche Beeren unterziehen.

Für den Po

Aufwärtsschritt

_Ausgangsposition:
> Sie stehen mit hüftbreit geöffneten Beinen. Die Arme halten Sie leicht angewinkelt neben dem Körper. Die Hände sind zu Fäusten geballt.
> Gehen Sie mit dem rechten Fuß einen großen Schritt zurück. Setzen Sie nur den Fußballen auf dem Boden auf. Das vordere Bein 90 Grad beugen.

_Bewegung:
> Drücken Sie sich mit dem rechten Fußballen ab und bringen Sie das Bein angewinkelt nach vorn oben. Das linke Bein dabei strecken. Führen Sie die Arme gegengleich mit.
> Gehen Sie wieder zurück in die Ausgangsposition.
> Nach einem Satz Wiederholungen wechseln Sie die Seite.

_Variante:
So wird's schwerer: Wenn Sie den Bewegungsablauf sicher beherrschen, nehmen Sie in jede Hand eine Hantel.

Beinheben

_Ausgangsposition:
> Gehen Sie in den Vierfüßlerstand. Stützen Sie sich dann auf den Unterarmen und den Knien ab. Die Fingerspitzen zeigen nach vorn. Halten Sie den Kopf in Verlängerung der Wirbelsäule. Wenn die Haltung unbequem ist, können Sie Ellbogen oder Knie mit einem Handtuch unterpolstern.

_Bewegung:
> Lösen Sie das rechte Bein vom Boden und strecken Sie es nach hinten aus. Zehenspitzen sind angezogen.
> Heben Sie das Bein so weit nach oben, bis Rücken, Ober- und Unterschenkel eine Linie bilden. Dabei darf die Hüfte nicht aufdrehen. Spannen Sie die Bauchmuskulatur an, um nicht ins Hohlkreuz zu fallen.
> Halten Sie die Spannung kurz und senken Sie das Bein wieder, ohne es ganz am Boden abzusetzen.
> Nach einem Satz Wiederholungen wechseln Sie die Seite.

*Brustbein anheben

Level A 10–15 x | B 15–20 x | C 20–25 x

*Rücken gerade halten

Level A 12–15 x | B 15–20 x | C > 20 x

Bitte ankreuzen von 1 (sehr leicht) bis 6 (sehr schwer). 1 2 3 4 5 6

Woche 5

Traumreise in der Mittagspause Setzen Sie sich bequem hin, schließen Sie die Augen und konzentrieren Sie sich nur auf Ihren Atem. Reisen Sie in Gedanken zu Ihrer Trauminsel mit goldenem Strand und azurblauem Meer. Erforschen Sie dieses Urlaubsparadies mit allen Sinnen. Setzen Sie Ihre Füße in den warmen Sand und saugen Sie den Duft des Meeres in sich ein ... Nach ein paar Minuten kehren Sie dann langsam in die Realität zurück. Atmen Sie kräftig ein und aus, strecken Sie sich ein paar Mal und genießen Sie die neu gewonnene Kraft.

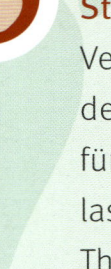

Die Klingel-Übung Klasse für den Kreislauf und die Figur: Immer, wenn das Telefon klingelt, stehen Sie auf und sprechen im Stehen oder Gehen. Am besten gleich im Büro üben.

Stoffwechsel-Kick Warmes Ingwerwasser fördert die Verdauung und den Abtransport von Giftstoffen aus dem Körper. Einfach vier Scheiben frischen Ingwer fünf Minuten in einem Liter heißem Wasser ziehen lassen und anschließend das Ingwerwasser in eine Thermoskanne füllen. Über den Tag verteilt trinken – das erste Glas gleich morgens auf nüchternen Magen. Morgen steht wieder ein Dinner Cancelling an. Essen Sie mindestens vier Stunden vor dem Schlafen nichts mehr.

Für Brust und Rücken

Körpermitte darf nicht durchhängen

Level A 6–8 x B 8–10 x C 10–12 x

Schulterblätter auseinander schieben

Level A 10–15 x B 15–20 x C 20–25 x

Kombi-Stütz

_Ausgangsposition:
> Gehen Sie in den Vierfüßlerstand. Die Hände stehen etwas mehr als schulterbreit auseinander, die Fingerspitzen zeigen nach vorn.
> Das rechte Bein vom Boden lösen.

_Bewegung:
> Die Ellbogen beugen und den Oberkörper absenken. Gleichzeitig das rechte Bein nach hinten strecken. Bein und Rücken bilden jetzt eine gerade Linie.
> Strecken Sie die Arme wieder und ziehen Sie das Bein an, ohne es jedoch am Boden abzusetzen.
> Nach einem Satz Wiederholungen wechseln Sie die Seite.

_Variante:
So wird's schwerer: Stellen Sie die Hände weiter auseinander.

Brücke

_Ausgangsposition:
> Gehen Sie in die Liegestützhaltung: Beide Knie sind auf dem Boden, den Oberkörper stützen Sie auf die Unterarme. Die Oberarme sind in Verlängerung der Schultern.
> Po und Bauch anspannen, den unteren Rücken leicht anheben und die Lendenwirbelsäule gerade halten. Kopf, Nacken und Wirbelsäule bilden nun eine Linie. Die Nase zeigt nach unten.

_Bewegung:
> Heben Sie beide Knie an.
> Tippen Sie dann abwechselnd mal mit dem linken, mal mit dem rechten Knie leicht auf den Boden.

_Variante:
So wird's schwerer: Schieben Sie in der Stützposition den gesamten Körper nach vorn, indem Sie die Füße nach hinten strecken.

Bitte ankreuzen von 1 (sehr leicht) bis 6 (sehr schwer). 1 2 3 4 5 6

Woche 5

Stress-Buster Sind Sie nervös und gestresst? Dann drücken Sie mit dem linken Daumen in die Mitte der rechten Handfläche. Erhöhen Sie den Druck beim Ausatmen und halten Sie ihn drei bis sieben Sekunden. Beim Einatmen lockern Sie den Druck wieder. So lange wiederholen, bis die Spannung nachlässt.

Seilhüpfen Probieren Sie es mal mit folgenden Sprungtechniken: Springen Sie zunächst von einem Bein auf das andere, als würden Sie auf der Stelle laufen. Dabei die Knie leicht anheben. Dann springen Sie mit beiden Beinen gleichzeitig und hüpfen dabei im Wechsel nach links und rechts. Zum Schluss springen Sie mit geschlossenen Beinen hoch und grätschen diese. Beim nächsten Sprung wieder schließen.

Feta-Sandwich 1/4 Gurke | 1 kleine Tomate | 4 schwarze Oliven (ohne Stein) | 1 Roggenbrötchen | 40 g Feta | Pfeffer

1   Gurke und Tomate putzen, waschen und in dünne Scheiben schneiden. Oliven teilen.
2   Das Brötchen halbieren. Dick mit Gurke, Tomate, Feta und Oliven belegen. Nach Geschmack pfeffern.

Für die Arme

Schultern tief halten

Level A | 6–8 x | B | 8–10 x | C | 10–12 x

Ellbogen sind dicht am Körper

Level A | 10–15 x | B | 15–20 x | C | 20–25 x

Stuhl-Dips

_Ausgangsposition:
› Stellen Sie sich mit dem Rücken vor einen Stuhl und stützen Sie sich mit nach vorn zeigenden Händen auf der Sitzfläche ab. Beugen Sie die Beine leicht. Die Fersen stehen auf dem Boden, der Rücken ist gerade. Die Schulterblätter zusammenziehen.

_Bewegung:
› Beugen Sie die Ellbogen, bis Ober- und Unterarme einen 90-Grad-Winkel bilden. Senken Sie dabei den Oberkörper. Der Po bleibt möglichst nahe am Stuhl.
› Kommen Sie langsam wieder nach oben. In der Endposition sollten die Arme fast gestreckt, die Ellbogen jedoch nicht durchgedrückt sein.

_Variante:
So wird's schwerer: Je weiter Sie die Beine strecken, desto schwieriger ist das Ganze.

Armstraff

_Ausgangsposition:
› Gehen Sie in einen kleinen Ausfallschritt. Die Knie sind leicht gebeugt, der Rücken ist gerade. Umgreifen Sie zwei Hanteln so, dass die Handrücken nach vorn zeigen. Ihre Arme hängen leicht angewinkelt seitlich am Körper nach unten.

_Bewegung:
› Ziehen Sie die Gewichte zu den Schultern. Die Ellbogen bleiben dabei am Körper, die Hände in der Verlängerung der Unterarme. Am Ende der Bewegung zeigen die Handflächen nach vorn.
› Senken Sie die Hanteln langsam wieder ab, ohne die Spannung ganz zu lösen.

_Variante:
So wird's schwerer: Am höchsten Punkt angekommen, spannen Sie den Bizeps noch einmal ganz bewusst an.

Bitte ankreuzen von 1 (sehr leicht) bis 6 (sehr schwer). | 1 | 2 | 3 | 4 | 5 | 6 |

Woche 5

1. Tag 2. Tag 3. Tag 4. Tag **5. Tag** 6. Tag 7. Tag

Der Shiatsu-Trick Diese japanische Druckpunktmassage macht müde Augen wieder munter und belebt den ganzen Körper. Drücken Sie mit den Daumenkuppen drei Sekunden lang den inneren Rand der Augenhöhlen. Dann kneifen Sie mit Daumen und Zeigefinger die Augenbrauen entlang – von innen nach außen. Dort halten Sie sechs Sekunden den Druck.

In guten wie in schlechten Zeiten Notieren Sie feste Zeiten für Bewegung und Entspannung in Ihrem Kalender. Messen Sie dem Training die gleiche Bedeutung bei wie einem Geschäftstermin oder einer Verabredung. Die Zeit, die Sie investieren, holen Sie später schnell wieder auf, weil Sie dynamischer, leistungsfähiger und effektiver leben.

Von jetzt an heißt Ihr Motto 70:30 Verzichten Sie ab heute für mindestens drei Wochen ganz auf Fertigprodukte. Danach dürfen die stark bearbeiteten Lebensmittel 30 Prozent der Nahrung ausmachen. Wenn Sie die restlichen 70 Prozent mit naturbelassenen Produkten decken, wird der Körper ausreichend mit Vitalstoffen versorgt und nimmt Ihnen das »Fastfood« nicht übel.
Und: Morgen wieder ein Dinner Cancelling einplanen.

WORKOUT-ZIRKEL
Rundum fit

Die Übungen für heute wurden so kombiniert, dass Sie den Zirkel ohne Pause mehrmals wiederholen können. Trotzdem haben die einzelnen Muskeln genug Zeit, sich zu erholen.

› Ziel des Workouts ist es, mehr straffe Muskelstränge aufzubauen. Das gelingt nur, wenn die Muskeln beim Trainieren stets etwas stärker gefordert werden als zuvor. Wenn Sie in den gerade trainierten Partien eine angenehme Anstrengung spüren, ist das gut. Bei richtigen Schmerzen hören Sie aber sofort auf. Lesen Sie die Übungsanleitung noch einmal genau durch und setzen Sie dann erneut an. Level A macht ein bis zwei Durchgänge, Level B zwei und Level C drei.

› Wenn Sie auf Level C trainieren, können Sie auch mal eine »Zitterpartie« riskieren. Wer einige Übungen auf instabiler Unterlage (zum Beispiel einem Kissen) ausführt, verbessert Gleichgewichtssinn und Koordination. Rumpf und tiefer liegende Muskeln werden automatisch mittrainiert.

› Ziehen Sie jede einzelne Bewegung mit voller Konzentration durch, bis es nicht mehr geht. Nehmen Sie sich Zeit: jeweils vier Sekunden zum Heben und volle zehn zum Senken.

› Wie letzte Woche auch springen Sie nach jeder Übung Seil: Level A und B mindestens 25 Sprünge, Level C mindestens 40.

Bitte ankreuzen von 1 (sehr leicht) bis 6 (sehr schwer).

Woche 5

Das Glück deines Lebens
hängt von der
Beschaffenheit deiner Gedanken ab.

MARK AUREL, römischer Kaiser (121–180)

Der Wochen-Check-up: Was haben Sie in den vergangenen Tagen für sich und Ihre Gesundheit getan?

Trainingsdauer: Zählen Sie zusammen, wie viele Minuten Sie sich diese Woche über Ihre Gewohnheiten hinaus bewegt haben. Konnten Sie erneut die 10-Prozent-Hürde erreichen? Ihre Trainingsdauer: _____ Minuten

Ruhepuls: Je fitter und entspannter Sie werden, desto niedriger wird auch Ihr Ruhepuls. Nach 4 bis 5 Wochen können es durchaus bis zu 5 Schläge pro Minute weniger sein. Sie haben schließlich auch intensiv trainiert. Ihr Ruhepuls: _____

Intensität: Ermitteln Sie, wie anstrengend das Wochen-Workout durchschnittlich war.

1	2	3	4	5	6

Selbst-Check: Je öfter Sie mit »Ja« antworten, desto näher sind Sie Ihren Zielen gekommen.

In meiner Küche geht es hoch her. Ich habe mindestens einmal selbst gekocht.	Ja	Nein
Beim Einkaufen liegen immer öfter naturbelassene Lebensmittel im Korb.	Ja	Nein
Ich esse, wenn ich hungrig bin, und höre auf, wenn ich satt bin.	Ja	Nein
Ich übe bei jeder Mahlzeit, langsam, bewusst und konzentriert zu essen.	Ja	Nein
Ich habe mir täglich 10 bis 15 Minuten Zeit zum Entspannen gegönnt.	Ja	Nein
Ich schnüre mindestens dreimal pro Woche meine Laufschuhe.	Ja	Nein
Ich esse mindestens fünf Portionen Obst und Gemüse am Tag.	Ja	Nein

Auswertung: 1–2 x Ja: Vertrauen Sie auf Ihr Empfinden. Mit der Zeit spüren Sie ganz genau, was Ihnen gut tut.

3–4 x Ja: Sie sind in guter Verfassung. Bauen Sie darauf auf. Dann sind Sie bald topfit.

5–7 x Ja: Sie behandeln Ihren Körper bestens und stehen bereits mitten im neuen Leben.

Zur Entspannung

Linker Arm ★
drückt gegen den linken Oberschenkel

Level A 3–4 x   B 3–4 x   C 3–4 x

★ **Brustkorb**
darf nicht nach hinten kippen

Level A 3–4 x   B 3–4 x   C 3–4 x

Yoga-Stretch

_Ausgangsposition:
› Sie stehen aufrecht. Die Füße sind etwa einen Meter auseinander. Drehen Sie den rechten Fuß nach außen.
› Heben Sie beide Arme bis auf Schulterhöhe an. Die Handflächen zeigen dabei zum Boden.
› Beugen Sie jetzt das linke Bein, bis der Oberschenkel parallel zum Boden ist und das linke Knie senkrecht über dem Fußgelenk steht.

_Bewegung:
› Beim Ausatmen den rechten Arm nach oben führen, den linken nach unten. Der Blick geht nach oben. Verspannt sich der Nacken, schauen Sie einfach zur Seite oder zum Boden.
› Spüren Sie die Dehnung von der rechten Ferse bis in die Fingerspitzen und atmen Sie 3- bis 4-mal im ruhigen Fluss weiter.
› Gehen Sie zurück in die Grätsche und wechseln Sie die Seite.

Berg

_Ausgangsposition:
› Setzen Sie sich aufrecht im Yogasitz hin. Der Rücken ist gerade.
› Verschränken Sie die Finger beider Hände vor der Brust und drehen Sie die Handrücken zur Brust.

_Bewegung:
› Heben Sie die Arme gestreckt nach oben und so weit wie möglich nach hinten. Die Handflächen zeigen nun zur Decke.
› Ziehen Sie aus dieser Position die Achseln so weit wie möglich nach oben und atmen Sie 3- bis 4-mal tief in die Dehnung hinein.
› Beim Lösen ausatmen.

Bitte ankreuzen von 1 (sehr leicht) bis 6 (sehr schwer).

1 2 3 4 5 6

Woche 5

1. Tag 2. Tag 3. Tag 4. Tag 5. Tag 6. Tag **7. Tag**

Richtig abschalten Sie haben längst Feierabend, aber der Kopf brummt immer noch? So können Sie loslassen: Schreiben Sie eine To-do-Liste für den nächsten Tag. Dann stellen Sie sich vor, wie Sie alle Sorgen des Arbeitstages in unterschiedliche Fächer eines Werkzeugkastens verstauen. Verschließen Sie den Kasten, alles ist ordentlich weggepackt. Jetzt können Sie das Büro verlassen und Ihre Freizeit genießen.

Seitenstechen Sticht es beim Laufen in den Rippen, drosseln Sie zunächst das Tempo. Dann mit der Faust auf die schmerzende Stelle drücken und lange ausatmen. Alternative: Ausfallschritt, Hände im Nacken verschränken, leicht ins Hohlkreuz gehen, nach hinten beugen und ausatmen.

Knusperkartoffeln mit Salat 200 g kleine Kartoffeln | 1 Knoblauchzehe | 1/2 TL Rosmarin | 1/2 TL Paprikapulver | Salz, Pfeffer | 1/2 Kopfsalat | 1/2 Gurke | 1 Tomate | 8 Oliven | 1 EL Öl | 1 TL Essig

1 Ofen auf 180 °C vorheizen. Kartoffeln waschen und der Länge nach halbieren. Knoblauch fein würfeln.

2 Blech mit Backpapier auslegen, Kartoffeln darauf legen. Mit Knoblauch, Rosmarin und Paprikapulver, Salz und Pfeffer bestreuen. 30 Minuten backen.

3 Salat waschen. Gemüse putzen, waschen und würfeln. Mit den Oliven zum Salat geben. Öl, Essig, Salz und Pfeffer verrühren. Über den Salat geben.

Für den Bauch

Oberkörper ★ langsam senken

Knie und Hüfte ★ bilden eine Linie

Level A 8–10 x   B 10–12 x   C 12–15 x

Level A 10–12 x   B 12–15 x   C > 15 x

Bauch-Kick

_Ausgangsposition:
> Legen Sie sich auf den Rücken. Heben Sie die Füße vom Boden und winkeln Sie die Beine im Kniegelenk an.
> Die Hände so an den Hinterkopf legen, dass sich die Ellbogen etwa in Schläfenhöhe befinden.

_Bewegung:
> Bewegen Sie die Beine langsam in Richtung Brustkorb. Gleichzeitig geht der Schultergürtel nach oben-vorn. Sie blicken dabei schräg nach oben. Der Bewegungsradius ist relativ klein, dafür ist die Übung aber sehr effektiv.
> Gehen Sie beinahe in die Ausgangsposition zurück. Halten Sie dabei die Spannung und senken Sie Hüfte und Schultern nicht ganz zum Boden ab.

Seitstütz

_Ausgangsposition:
> Sie liegen auf der linken Seite und stützen Ihren Oberkörper auf den linken Unterarm. Der Ellbogen befindet sich senkrecht unterhalb des Schultergelenks. Der rechte Arm ist in der Hüfte abgestützt. Die Beine sind gestreckt, ein Fuß ruht auf dem anderen.

_Bewegung:
> Heben Sie das Becken an, bis der ganze Körper eine gerade Linie bildet. Dann drücken Sie das Becken so weit wie möglich in Richtung Decke.
> Bleiben Sie 10 bis 30 Sekunden in dieser Position.
> Senken Sie die Körpermitte wieder ab, bis sie fast den Boden berührt.
> Nach einem Satz Wiederholungen wechseln Sie die Seite.

1. Tag 2. Tag 3. Tag 4. Tag 5. Tag 6. Tag 7. Tag

Bitte ankreuzen von 1 (sehr leicht) bis 6 (sehr schwer). 1 2 3 4 5 6

Woche 6

Gute Nacht Für alle, die Probleme beim Einschlafen haben: Legen Sie sich auf den Rücken, eine Hand flach auf dem Bauch. Ruhig ein- und ausatmen. Dann legen Sie die Hände auf die Brust, ohne dass sich dabei die Fingerspitzen berühren. Beobachten Sie den Atemfluss. Zum Schluss lassen Sie die Hände langsam bis zum Bauchnabel gleiten und atmen noch ein paar Minuten tief und gleichmäßig in den Bauch.

U-Bahn-Surfer Wenn Sie jeden Tag mit den öffentlichen Verkehrsmitteln zur Arbeit fahren, können Sie ganz nebenbei ein paar Extrakalorien verbrennen. Wie das geht? Ganz einfach: Pfeifen Sie auf den freien Sitzplatz und bleiben Sie stehen. Dann muss Ihr Körper ruckelnde Bewegungen ausgleichen – das trainiert die tiefe Muskulatur und das Gleichgewicht.

Heißhunger auf Süßes? Zimt bremst die Naschlust. Geben Sie einfach eine Prise in Ihren Kaffee oder Tee. Positiver Nebeneffekt: Das exotische Gewürz senkt den Blutzuckerspiegel, die Blutfettwerte und das »schlechte« LDL-Cholesterin. Und das schont das Herz. Und morgen: Dinner Cancelling.

Für die Beine

Kopf in Verlängerung des Rückens

Level A 12–15 x   B 15–20 x   C > 20 x

Schultern bleiben tief

Level A 15–20 x   B 20–25 x   C > 25 x

Knie-Schulter-Presse

_Ausgangsposition:
> Sie stehen aufrecht. Die Beine sind hüftbreit gegrätscht. In jeder Hand halten Sie eine Hantel.
> Heben Sie die Arme an, bis Ober- und Unterarm etwa einen rechten Winkel bilden.

_Bewegung:
> Beugen Sie die Knie und neigen Sie den Oberkörper nach vorn, bis die Oberschenkel fast parallel zum Boden sind. Gleichzeitig strecken Sie die Arme und führen die Hanteln über den Kopf.
> Spannen Sie die Oberschenkel an und kehren Sie in die Ausgangsposition zurück. Beugen Sie dabei die Ellbogen.

Power-Kombi

_Ausgangsposition:
> Sie stehen mit weit gegrätschten Beinen und halten in jeder Hand eine Hantel. Heben Sie das Brustbein an und lassen Sie die Schultern nach hinten und unten fallen. Die Zehen zeigen nach außen, die Arme strecken Sie in Schulterhöhe zur Seite.

_Bewegung:
> Beugen Sie langsam die Knie. Wenn Sie es schaffen, senken Sie den Po bis kurz unters Knie. Ansonsten stoppen Sie kurz über der 90-Grad-Position.
> Führen Sie beim Absenken die Arme in einer fließenden Bewegung vor dem Körper in Brusthöhe zusammen. Die Arminnenseite zeigt dabei nach oben, die Schultern bleiben tief, das Brustbein ist angehoben.
> Position kurz halten, dann die Beine wieder strecken und die Arme zur Seite führen.

Bitte ankreuzen von 1 (sehr leicht) bis 6 (sehr schwer).   1 2 3 4 5 6

Woche 6

Atem-Walking Diese besondere Form der Geh-Meditation befreit schnell von seelischem Ballast und schenkt Ihnen vollkommene Gelassenheit: Gehen Sie in einem angenehmen und gleichmäßigen Tempo. Legen Sie dabei die Hände auf den Rücken. Die Augen sind halb geöffnet, der Blick ist auf den Boden gerichtet. Atmen Sie vier Schritte lang durch die Nase ein und vier Schritte lang durch den Mund aus.

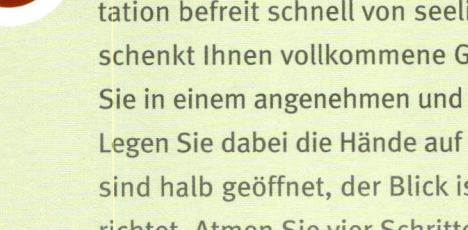

Mittags-Kneipp-Kur Probieren Sie statt einer Tasse Kaffee mal ein kaltes Armbad. Es regt den Stoffwechsel an und vertreibt die Müdigkeit. Waschbecken zu zwei Dritteln mit kaltem Wasser füllen und die Arme 30 Sekunden hineintauchen. Ruhig weiter atmen. Das Wasser nur abstreifen, und die Arme warm schwenken.

Frischkäsebrote 1/2 Gurke | 50 g fettarmer Frischkäse | Salz, Pfeffer | Paprika- oder Currypulver | 2 Scheiben Pumpernickel

1 Gurke waschen und ungeschält in möglichst feine Scheiben hobeln.
2 Frischkäse mit Salz, Pfeffer und je nach Geschmack mit Paprika oder Curry würzen. Auf den Pumpernickel streichen. Gurkenscheiben darauf verteilen.

Für den Po

Po-Crunch

_Ausgangsposition:
> Nehmen Sie in jede Hand eine Hantel.
> Machen Sie mit dem linken Bein einen Ausfallschritt nach vorn. Das linke Knie befindet sich senkrecht über dem Mittelfuß.
> Heben Sie die Arme schräg nach vorn. Die Handinnenflächen zeigen zueinander, die Ellbogen sind noch einen Hauch gebeugt. Rechtes Bein, Oberkörper und Kopf bilden eine Linie.

_Bewegung:
> Verlagern Sie Ihr Körpergewicht auf das linke Bein und heben Sie das rechte Knie in Richtung Brust. Gleichzeitig beugen Sie die Arme und ziehen sie zum Knie. Drehen Sie die Arme dabei so, dass die Handinnenflächen nach oben zeigen.
> Gehen Sie dann langsam wieder in die Ausgangsposition zurück.
> Nach einem Satz Wiederholungen wechseln Sie die Seite.

Straffe Formen

_Ausgangsposition:
> Gehen Sie in den Vierfüßlerstand. Die Handgelenke befinden sich senkrecht unter den Schultern, die Knie senkrecht unter den Hüften. Die Fingerspitzen zeigen nach vorn, der Kopf ist gerade.
> Verlagern Sie Ihr Gewicht nach links. Strecken Sie das rechte Bein zur Seite und heben Sie es an.

_Bewegung:
> Ziehen Sie die Zehenspitzen des rechten Fußes an und heben Sie das Bein so weit es geht.
> Senken Sie das Bein dann langsam wieder ab. Bevor der Fuß den Boden berührt, heben Sie es erneut an.
> Nach einem Satz Wiederholungen wechseln Sie die Seite.

Stand stabil

Level A 10–15 x | B 15–20 x | C 20–25 x

Schultern nach hinten-unten ziehen

Level A 12–15 x | B 15–20 x | C > 20 x

Bitte ankreuzen von 1 (sehr leicht) bis 6 (sehr schwer). 1 2 3 4 5 6

Woche 6

Akkus aufladen Atmen Sie sich einfach zu neuem Schwung: Zur Einstimmung reiben Sie die Handflächen aneinander, bis sie angenehm warm sind. Dann tief durch die Nase einatmen, durch den Mund wieder aus. Konzentrieren Sie sich darauf, wie mit jedem Atemzug neue Kraft durch Ihren Körper fließt. Mit jedem Ausatmen fällt die Müdigkeit von Ihnen ab. Beim Einatmen legen Sie die Zunge hinter die oberen Schneidezähne, beim Ausatmen hinter die untere Zahnreihe.

Der Kick im Bad Eine Bürstenmassage regt den Stoffwechsel an und macht die Haut schön rosig. Dazu den trockenen Körper mit kurzen, festen Strichen in Richtung Herz abbürsten: Erst das rechte Bein von unten nach oben, dann das linke; anschließend den rechten Arm von unten nach oben, dann den linken; zum Schluss sind der untere Rücken, das Dekolletee (Brüste auslassen) und die Schultern dran.

Grüne Welle Fast schon ein Wundermittel: Grüner Tee. Er spült Giftstoffe aus dem Körper, setzt freie Radikale schachmatt, nimmt den Hunger und erhöht den Stoffwechsel. Trinken Sie am besten jeden Morgen eine Tasse davon. Das hilft Ihrem Körper, alles, was Sie im Laufe des Tages essen, besser zu verdauen.

Für Brust und Rücken

Bauch ★ fest anspannen

Rücken ★ gerade halten

Level A 6–8 x B 8–10 x C 10–12 x

Level A 6–8 x B 8–10 x C 10–12 x

Liegestütz

_Ausgangsposition:
> Gehen Sie in den Liegestütz. Rücken und Beine bilden eine Ebene, die Hände sind in Brusthöhe abgestützt. Konzentrieren Sie sich während der gesamten Übung ganz auf die Spannung in der Brustmuskulatur.

_Bewegung:
> Beugen Sie die Ellbogen und senken Sie den Körper langsam so weit ab, wie es die Kraft Ihrer Arme erlaubt. Spannen Sie dabei Rücken-, Bauch- und Pomuskulatur an, um nicht ins Hohlkreuz zu fallen.
> Gehen Sie wieder nach oben, ohne die Arme jedoch ganz durchzustrecken. Die Ellbogen bleiben die ganze Zeit über leicht gebeugt.

Brücke mit Po-Lift

_Ausgangsposition:
> Stützen Sie sich nun auf den Unterarmen ab. Die Zehen berühren den Boden, die Ellbogen befinden sich genau unterhalb der Schultern.
> Heben Sie den Körper an. Das gesamte Gewicht ruht nun auf Ellbogen, Unterarmen und Zehen.

_Bewegung:
> Verlagern Sie das Körpergewicht auf die linke Seite. Das rechte Bein heben Sie um etwa eine Fußlänge an.
> Die Position 2 bis 4 Sekunden halten und das Bein wieder senken.
> Nun ist das linke Bein dran.
> Haben Sie beide Seiten einmal trainiert, ist eine Wiederholung abgeschlossen – und es geht wieder von vorn los.

Bitte ankreuzen von 1 (sehr leicht) bis 6 (sehr schwer).   1 2 3 4 5 6

1. Tag 2. Tag 3. Tag **4. Tag** 5. Tag 6. Tag 7. Tag

Woche 6

Das innere Lächeln Wirkt gegen Anspannung und Stress: Denken Sie an etwas, das Sie glücklich macht und Sie lächeln lässt. Spüren Sie, wie sich dieses Lächeln in Ihnen ausbreitet, bis es im Bauch sitzt und von dort aus Ihren ganzen Körper erwärmt.

Erfolgsformel Sie haben in den letzten Wochen viel erreicht. Streikt die Motivation trotzdem mal, sagen Sie sich immer wieder: »Ich bin fit und schön.« Formulieren Sie stets im Präsens, um das Unterbewusstsein umzupolen.

Asia-Spießchen 1 TL Sojasauce | 2 Msp. Sambal Oelek | gemahlener Koriander | 1 Knoblauchzehe | 100 g Schweineschnitzel | 100 ml Gemüsebrühe (Instant) | 30 g Naturreis | 1 rote Paprika | 1 kleine Stange Lauch | 1 TL Öl

1 Sojasauce, Sambal Oelek und eine Prise Koriander verrühren. Knoblauch dazu pressen. Das Fleisch in Würfel schneiden. 30 Minuten darin marinieren.

2 Brühe zum Kochen bringen. Reis zugeben und bei schwacher Hitze rund 25 Minuten quellen lassen.

3 Gemüse putzen, waschen und grob würfeln. Mit dem Fleisch auf Schaschlikspieße stecken.

4 Öl in einer beschichteten Pfanne erhitzen und die Spieße etwa 5 Minuten darin anbraten.

Für die Arme

*Körper nah am Stuhl halten

Level A 6–8 x B 8–10 x C 10–12 x

Ellbogen * bleiben auf Schulterhöhe

Level A 6–8 x B 8–10 x C 10–12 x

Profi-Dips

_Ausgangsposition:
> Stützen Sie sich mit nach vorn zeigenden Händen auf der Sitzfläche eines Stuhls ab.
> Gehen Sie mit den Füßen so weit nach vorn, bis der Oberköper frei in der Luft hängt. Die Beine sind möglichst gestreckt.

_Bewegung:
> Heben Sie das rechte Bein vom Boden. Dann senken Sie den Po dicht vor dem Stuhl nach unten, bis Ihre Oberarme parallel zum Boden sind. Der Rücken bleibt dabei gerade, der Kopf bildet die Verlängerung der Wirbelsäule.
> Ziehen Sie die Schulterblätter nach hinten und zusammen, um den Nacken zu entlasten. Halten Sie die Ellbogen parallel zum Körper.
> Kommen Sie wieder nach oben.
> Nach einem Satz Wiederholungen wechseln Sie die Seite.

Formgeber

_Ausgangsposition:
> Nehmen Sie eine Hantel in jede Hand. Stehen Sie stabil und mit leicht gebeugten Beinen. Spannen Sie Po- und Bauchmuskeln an und halten Sie die Hanteln neben dem Körper.
> Heben Sie die Arme gestreckt zur Seite, bis sie parallel zum Boden sind. Die Handrücken zeigen nach unten.

_Bewegung:
> Führen Sie die Gewichte ohne Schwung in Richtung der Schultern. Bewegen Sie dabei ausschließlich die Unterarme und lassen Sie die Ellbogen nicht absinken.
> Senken Sie die Unterarme langsam wieder ab, ohne sie ganz zu strecken.

Bitte ankreuzen von 1 (sehr leicht) bis 6 (sehr schwer).

1 2 3 4 5 6

Woche 6

Danke Lenken Sie Ihre Aufmerksamkeit auf etwas, wofür Sie dankbar sind. Manchmal genügt schon eine warme Dusche, ein spannendes Buch oder eine gute Mahlzeit. Überlegen Sie sich täglich sieben Punkte der Dankbarkeit. Das schärft die Sinne für die erfreulichen Dinge des Lebens. Und dadurch wird sich innerhalb der nächsten Wochen Ihre gesamte Wahrnehmung verändern. Das Leben ist schön.

Energie-Stretching Wenn Sie schwer aus den Federn kommen: Beine aufstellen und ein Bein an die Brust ziehen. Eine Hand unter die Kniekehle legen, die andere an die Wade. Das Bein ganz behutsam strecken – nur so weit, wie es angenehm ist. Kopf und Schultern bleiben liegen. Den Fuß im Wechsel beugen und strecken. Dreimal je 15 Sekunden. Dann die Seite wechseln.

Jokertag Sie wissen jetzt, worauf es bei der Ernährung ankommt. Und deshalb dürfen Sie ab und an auch sündigen. Wenn es Sie glücklich und zufrieden macht, wählen Sie einen ganz besonderen Tag und eine besondere Situation. Und dann gönnen Sie sich ohne Reue etwas, was Sie sich sonst verkneifen würden. Nicht vergessen: Morgen das Dinner canceln.

Zur Entspannung

Schultern nach hinten-unten sinken lassen

Level A 10–15 s B 10–15 s C 10–15 s

Ellbogen eng am Rumpf

Level A 3–4 x B 3–4 x C 3–4 x

Baum

_Ausgangsposition:
> Sie stehen aufrecht. Verlagern Sie Ihr Köpergewicht auf das rechte Bein und umfassen Sie mit der linken Hand den linken Knöchel.
> Setzen Sie die linke Ferse so hoch wie möglich auf die Innenseite des rechten Oberschenkels. Das linke Knie zeigt nach außen, die Hüften sind gerade. Die Zehen zeigen nach unten.
> Konzentrieren Sie sich auf einen Gegenstand vor Ihnen.

_Bewegung:
> Strecken Sie beide Arme mit einer ausladenden Bewegung nach oben und legen Sie die Handflächen über dem Kopf aneinander.
> Halten Sie die Position 10 bis 15 Sekunden, ehe Sie das Standbein wechseln.

Kobra

_Ausgangsposition:
> Sie liegen auf dem Bauch. Die Hände sind direkt unter den Schultern, die Ellbogen sind angewinkelt, die Arme möglichst dicht am Körper.

_Bewegung:
> Drücken Sie das Schambein in den Boden und spannen Sie die Pomuskeln fest an.
> Mit dem Einatmen aktivieren Sie die unteren Rückenmuskeln und heben erst den Kopf, dann das Brustbein an. Der Oberkörper geht dabei nur so weit nach oben, wie es durch die Kraft der Rückenmuskeln möglich ist. Das Becken bleibt am Boden, die Schultern ziehen nach hinten-unten.
> Halten Sie die Position für 3 bis 4 Atemzüge.
> Atmen Sie aus und lassen Sie den Rumpf wieder sinken.

Bitte ankreuzen von 1 (sehr leicht) bis 6 (sehr schwer).   1 2 3 4 5 6

Woche 6

Innere Balance Falls Sie mal nervös sind, können Sie sich mit dieser Übung zu mehr innerer Harmonie verhelfen. Heben Sie beide Hände in Schulterhöhe. Öffnen Sie die Arme so, als ob Sie einen Bogen spannen wollen. Der linke Arm ist dabei leicht ausgestreckt. Drehen Sie den Kopf nach links und schauen Sie auf den linken Handrücken. Bringen Sie die Arme beim Ausatmen zurück. Auf jeder Körperseite zweimal.

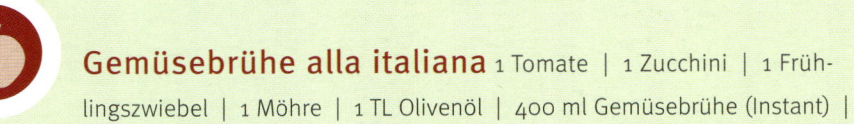

Power-Schauer Beim Duschen Arme und Kopf hängen lassen, den warmen Wasserstrahl auf die verspannte Schulterpartie prasseln lassen. Vorbeugen, die Hände auf die leicht gebeugten Knie stützen und bis fünf zählen. Schultern zurück und den Strahl wieder auf den oberen Rücken richten. Dreimal im Wechsel.

Gemüsebrühe alla italiana 1 Tomate | 1 Zucchini | 1 Frühlingszwiebel | 1 Möhre | 1 TL Olivenöl | 400 ml Gemüsebrühe (Instant) | Pfeffer | 1/2 Bund Kräuter (z. B. Petersilie, Schnittlauch, Basilikum)

1 Tomate am Stielansatz kreuzweise einschneiden, mit kochendem Wasser überbrühen und häuten. Vierteln, Kerne entfernen, Fruchtfleisch würfeln.
2 Restliches Gemüse putzen, waschen und würfeln.
3 Gemüse in heißem Öl andünsten. Brühe aufgießen. 10 Minuten schwach kochen lassen. Kräftig pfeffern.
4 Kräuter waschen, fein hacken und darüber streuen.

WORKOUT-ZIRKEL
Body in Bestform

Wenn Sie diese letzte Stufe meistern, können Sie wirklich stolz auf sich sein. Sie haben die Grundlagen für einen neuen aktiven Lebensstil gelegt und sich selbst bewiesen, dass Sie Ihren inneren Schweinehund im Griff haben.

> Auf zum Endspurt – Level A macht noch einmal ein bis zwei Durchgänge, Level B zwei und Level C drei. Gehen Sie ans Limit: Sind Ihre Muskeln nach den ersten Durchgängen ermüdet, reduzieren Sie das Gewicht und machen dann noch zwei bis vier Wiederholungen. Wenn der Muskel leicht zu schmerzen beginnt, führen Sie trotz allem noch drei Wiederholungen durch.

> Den höchsten Einsatz erreichen Sie mit so genannten Endkontraktionen. Spannen Sie dafür den belasteten Muskel am Endpunkt der Bewegung für ein bis zwei Sekunden an.

> Führen Sie im Moment der größten Anspannung am Ende einer Übung noch einige so genannte Teilbewegungen aus – in dem Bereich, in dem die Übung besonders intensiv ist.

> Richtig ausgeführt wirkt ein Workout wie Meditation. Sie bewegen sich zum Atem, versetzen sich in den Muskel, spüren die Wärme und stoppen das Gedanken-Karussell.

> Vergessen Sie nicht das Seilspringen nach jeder Übung: 25 Sprünge und mehr bei Level A und B, 40+ bei Level C.

S. 81 — 12–15 x / 15–20 x / > 20 x
S. 83 — 10–15 x / 15–20 x / 20–25 x
S. 79 — 10–12 x / 12–15 x / > 15 x
S. 85 — 6–8 x / 8–10 x / 10–12 x
S. 87 — 6–8 x / 8–10 x / 10–12 x

Bitte ankreuzen von 1 (sehr leicht) bis 6 (sehr schwer).

1 2 3 4 5 6

Woche 6

DAS GROSSE FINALE: WIE HABEN SIE ABGESCHNITTEN?

Gratulation: Sie sind bis zum Schluss dabeigeblieben. Jetzt ist es an der Zeit, Ihr aktuelles Kraftniveau zu testen. Blättern Sie dazu einfach noch einmal zurück auf Seite 4. Und freuen Sie sich auf Ihre Fitness-Lorbeeren.

Der Fit-Check

····❖ **Level A** Weniger als 6 Punkte: Dass Sie die vollen sechs Wochen durchgehalten haben, beweist, dass auch in Ihnen eine natürliche Begabung für Aktivität und Bewegung steckt. Sie haben durchaus Potenzial. Konzentrieren Sie sich in Zukunft darauf, Ihr **allgemeines Wohlbefinden** zu steigern und Trainingsroutine aufzubauen. Beginnen Sie, Ihre Freizeit aktiver zu gestalten. Sie werden sehen, dass sich Ihre **Lebensqualität** dadurch stark verbessert.

····❖ **Level B** 6–11 Punkte: Kompliment, Sie sind in einer **guten Verfassung** und schon ziemlich fit. Sie haben sich eine **stabile Basis** geschaffen, um durch weiteres gezieltes Training mit relativ geringem Aufwand zusätzliche Power zu entwickeln. Greifen Sie auch in Zukunft Anregungen aus dem BBP-Trainer auf und integrieren Sie diese in Ihren Alltag. Lassen Sie sich vom Ergebnis anspornen, das **tägliche Workout** beizubehalten.

····❖ **Level C** 12–15 Punkte: Super, Sie haben sich exzellent gesteigert. Sie sind in **Topform** und auf dem besten Weg, ein echter Sportler zu werden. Ihr Ziel ist nun, dieses Niveau langfristig zu bewahren oder durch konsequentes Training sogar noch weiter auszubauen. Schließlich wollen Sie weiter aktiv, hellwach und optimistisch in die Zukunft sehen und dabei das Leben und Ihren Körper **mit allen Sinnen genießen.**

Es ist nie zu spät anzufangen, aber immer zu früh aufzuhören.

VOLKSWEISHEIT

So bleiben Sie auf Dauer fit

Sie haben sich selbst bewiesen, dass Sie Ihr Leben ändern können. Aber wie geht es nun weiter? Ganz einfach: Bleiben Sie am Ball und setzen Sie weiterhin auf Ihr **neues Bewegungsgefühl.** Stecken Sie sich neue Ziele – kurz-, mittel- und langfristige, die Sie nicht aus den Augen verlieren.

Tolle Aussichten

- Schließen Sie fünf Minuten die Augen und stellen Sie sich vor, was Sie in einem Monat, in einem Jahr, in fünf oder zehn Jahren erreicht haben wollen. Lassen Sie **die Ideen fließen.** Entwickeln Sie für jedes Ziel einen Zeitplan und legen Sie die ersten drei Schritte fest, zum Beispiel: »Ich suche leichte Rezepte, die mir schmecken und gut gelingen.« oder »Ich erhöhe den Umfang meines Trainings weiter.« oder »Ich lerne eine neue Sportart.«

- Überprüfen Sie Ihren Zeitplan regelmäßig, um **auf Kurs zu bleiben.** Nehmen Sie sich etwa alle drei Monate ein bisschen Zeit, um den Fit-Check von Seite 4 f. zu wiederholen. So können Sie Ihre **persönliche Entwicklung** im Auge behalten. Sind die ersten drei Schritte getan, sind die drei nächsten dran – bis jedes Ziel erreicht ist.

- Lassen Sie sich das, was Sie in den letzten Wochen gewonnen haben, nicht wieder nehmen. Bleiben Sie Ihrer **neuen Linie** treu. Setzen Sie auf jeder der drei Ebenen Denken, Fühlen und Körper Grenzen, bei denen Ihre Alarmglocken läuten – etwa ein **wöchentliches Bewegungsminimum** oder eine Höchstgrenze für Fertigprodukte, die auf Ihrem Teller landen. Sie werden sehen: Nach einem halben Jahr haben leichte Küche und regelmäßiges Training über den inneren Schweinehund gesiegt.

Ein Blick zurück voller Stolz: Sie haben es geschafft, Ihr Leben völlig neu zu gestalten und dabei abzunehmen.

Start frei für ein aktives Leben

Auch das beste Programm kann immer nur eine Orientierungshilfe bieten. Suchen Sie sich daher die Übungen und Tipps aus, die am besten zu Ihren Bedürfnissen passen. Die Hauptsache ist, **Sie bleiben aktiv** und gestalten Schritt für Schritt das Leben, das Sie sich wünschen. Wie es weitergeht, hängt von Ihnen ab:

- Sind Sie mit Ihren Erfolgen zufrieden, möchten diese aber weiter festigen? Dann wiederholen Sie die letzten drei Wochen auf dem nächst höheren Level. Der Vorteil: Sie kennen die Übungen bereits und können sich ganz auf die **Intensitätssteigerung** (Skala Stufe 5) konzentrieren.

- Sind Sie auf den Geschmack gekommen und möchten weiter an Ihrer **Figur feilen**, indem Sie schlanke Muskeln aufbauen? Gönnen Sie sich zunächst bis zu einer Woche Pause. Anschließend absolvieren Sie das ganze Programm gleich noch einmal. Starten Sie auf einem höheren Level, und wenden Sie alle Tricks an, um das **Training zu verschärfen**. Nehmen Sie sich vor, im Wochen-Check mit der vollen Punktzahl zu glänzen.

- Variieren Sie Ihr Workout alle sechs Wochen ein wenig, indem Sie zum Beispiel gewohnte Übungen gegen solche austauschen, die Sie noch nicht oder lange nicht mehr gemacht haben. Zusätzlich lassen sich durch kleine Änderungen **tolle Erfolge** erzielen. Oft reicht schon ein anderer Übungswinkel oder die Korrektur der Körperposition.

- Sie werden sehen: Nach einem halben Jahr ist das regelmäßige Training ein **persönliches Ritual** geworden. Sie sind richtig gut in Form. Essen Sie weiter bewusst mit **Genuss** und steigern Sie Ihr Ausdauertraining, dann ist Ihnen ein figurfreundliches **Happy End** garantiert.

Wer einmal zu sich selbst gefunden hat, der kann nichts auf dieser Welt mehr verlieren.

STEFAN ZWEIG, österreichischer Schriftsteller (1881–1942)

ZUM NACHSCHLAGEN

Verzeichnis der Übungen

Bauch
Basic Crunch 7, 17
Bauch-Kick 79
Bauchtwist 7
Beckenheben 51, 61
Beinscheren-Crunch 65, 75
Crossmove 35
Käfer 35, 45
Radfahren 21, 31
Schräger Crunch 21
Seitbeuge 51
Seitstütz 79, 91
Taillenformer 65

Beine
Beinheben 23
Bein-Push 53
Einbeinige Kniebeugen 53, 61
Erhöhter Beckenlift 67
Gegrätschte Squats 23, 31
Knie-Schulter-Presse 81, 91
Power-Kombi 81
Seitenlift 9
Seitlicher Ausfallschritt 67, 75
Squats 9, 17
Squats mit Hanteln 37, 45
Wadenstraff 37

Po
Aufwärtsschritt 69
Ausfallschritt 39, 45
Ausfallschritt nach vorn 55, 61
Beinheben 69, 75
Leglift 25
Lift-up 25, 31
Po-Crunch 83, 91
Po-Gym 11
Poheben 11, 17
Po-Kick 55
Profi-Lift 39
Straffe Formen 83

Brust und Rücken
Brücke 71
Brücke mit Po-Lift 85
Easy-Stütz 57, 61
Flying 27, 31
Kombi-Stütz 71, 75
Lat-Zug 57
Liegestütz 85, 91
Push-up 41
Rückenstark 27
Stehende Butterflys 13
Vierfüßlerstand 41, 45
Vorgebeugter Lift 13, 17

Arme
Alternierende Curls 29
Armstraff 73
Concentration Curls 59, 61
Definition Curls 43
Einarmiger Liegestütz 59
Formgeber 87
Freie Kickbacks 43, 45
Kraft Kick 29, 31
Profi-Dips 87, 91
Sitzende Curls 15
Stuhl-Dips 73, 75
Trizeps Curls 15, 17

Entspannung
Aufrichten 19
Baum 89
Berg 77
Drehsitz 63
Halbe Kerze 47
Hund 33
Katze 33
Kindeshaltung 47
Kobra 89
Mobilisieren 19
Rücken-Relax 63
Yoga-Stretch 77

Bücher, die weiterhelfen

Bös Prof. Dr., K.: Walking und sanftes Lauftraining; GRÄFE UND UNZER VERLAG

Despeghel, M./Heufelder, Prof. Dr. A.: Ran an den Bauch; GRÄFE UND UNZER VERLAG

Grillparzer, M.: Die GLYX-Diät; GRÄFE UND UNZER VERLAG

Hederer, M.: Laufen zum Abnehmen; GRÄFE UND UNZER VERLAG

Mühlbauer, W.: So einfach ist Laufen; Rowohlt Taschenbuch

Münchhausen Dr. v., M./Despeghel Dr. M.: Abnehmen mit dem inneren Schweinehund; GRÄFE UND UNZER VERLAG

Ockert, G.: Perfekte Fitness-Gymnastik; Copress

Rüdiger, M.: Bauch, Beine, Po; GRÄFE UND UNZER VERLAG

Schmidt, M. R./Helmkamp, A./Mack, N./Winski, N.: Nordic Walking. Das ideale Training für den ganzen Körper; GRÄFE UND UNZER VERLAG

Tschirner, T.: Fit mit Hanteln und Fit mit dem Theraband und Bauch, Arme, Brust; alle: GRÄFE UND UNZER VERLAG

Tschirner, T.: Laufen – das Bestform-Workout und Bodyconcept Bauch; alle: Rowohlt Taschenbuch

WeightWatchers (Hrsg.): Der 4 Wochen Power Plan; GRÄFE UND UNZER VERLAG

Winkler, N.: Bauch, Beine, Po intensiv; GRÄFE UND UNZER VERLAG

Adressen, die weiterhelfen

Deutscher Olympischer Sportbund
Otto-Fleck-Schneise 12
60528 Frankfurt am Main
www.dosb.de

Deutsche Gesellschaft für Ernährung e. V. (DGE)
Godesberger Allee 18
53175 Bonn
www.dge.de

Österreichischer Fachverband für Turnen
Schwarzenbergplatz 10
A-1040 Wien
www. austriangymfed.at

Österreichische Gesellschaft für Ernährung (ÖGE)
Zaunergasse 1–3
A-1030 Wien
www.oege.at

Schweizerischer Turnverband STV
Bahnhofstrasse 38
CH-5001 Aarau
www.stv-fsg.ch

Schweizerische Gesellschaft für Ernährung
Effingerstrasse 2
CH-3001 Bern
www.sge-ssn.ch

IMPRESSUM

© 2007 GRÄFE UND UNZER VERLAG GmbH, München

Alle Rechte vorbehalten. Nachdruck, auch auszugsweise, sowie Verbreitung durch Bild, Funk, Fernsehen und Internet, durch fotomechanische Wiedergabe, Tonträger und Datenverarbeitungssysteme jeder Art nur mit schriftlicher Genehmigung des Verlages.

Wichtiger Hinweis

Alle Ratschläge, Übungen und Rezepte wurden vom Autor sorgfältig recherchiert und in der Praxis erprobt. Sie sind für Menschen mit normaler Konstitution geeignet. Dennoch sind Sie selbst aufgefordert, in eigener Verantwortung zu entscheiden, ob und inwieweit Sie diese Vorschläge umsetzen können und möchten. Lassen Sie sich in allen Zweifelsfällen zuvor durch einen Arzt oder Therapeuten beraten.

Weder Autor noch Verlag können für eventuelle Nachteile oder Schäden, die aus den praktischen Hinweisen resultieren, eine Haftung übernehmen.

ISBN (10)   3-8338-0406-8
ISBN (13)   978-3-8338-0406-9

Auflage	5.	4.	3.	2.	1.
Jahr	2011	2010	2009	2008	2007

Die GU-Homepage finden Sie im Internet unter www.gu-online.de

Umwelthinweis

Dieser Tischaufsteller wurde auf chlorfrei gebleichtem Papier gedruckt.

Programmleitung: Ulrich Ehrlenspiel
Redaktion: Reinhard Brendli
Lektorat: Sylvie Hinderberger
Fotoproduktion: Tom Roch
Für die Untersützung beim Styling dieser Fotoproduktion danken wir folgenden Firmen:
- Sport Scheck, München
- www.yogishop.com
- USA Pro

Weitere Fotos: Martina Görlach, Food-Photography Eising: S. 42, 52, 64, 68, 72; Jan Rickers: vordere Umschlagseiten (Schuber und Tischaufsteller); Studio L'Eveque, Harry Bischof: S. 12, 16, 26, 30, 34, 38, 50, 56, 78, 82, 86, 90; Thorsten Tschirner: S. 96.

Illustrationen: independent Medien-Design, Elke Irnstetter

Covergestaltung und Innenlayout: independent Medien-Design, Claudia Hautkappe

Herstellung: Petra Roth

Satz und Gestaltung: Christopher Hammond

Lithos: Fotolito Longo, Bozen

Printed in China

GRÄFE UND UNZER

Ein Unternehmen der
GANSKE VERLAGSGRUPPE

100 JAHRE GANSKE VERLAGS GRUPPE

DAS ORIGINAL MIT GARANTIE

Ihre Meinung ist uns wichtig. Deshalb möchten wir Ihre Kritik, gerne aber auch Ihr Lob erfahren, um als führender Ratgeberverlag für Sie noch besser zu werden. Darum: Schreiben Sie uns! Wir freuen uns auf Ihre Post und wünschen Ihnen viel Spaß mit Ihrem GU-Ratgeber.

Unsere Garantie: Sollte ein GU-Ratgeber einmal einen Fehler enthalten, schicken Sie uns das Buch mit einem kleinen Hinweis und der Quittung innerhalb von sechs Monaten nach dem Kauf zurück. Wir tauschen Ihnen den GU-Ratgeber gegen einen anderen zum gleichen oder einem ähnlichen Thema um.

GRÄFE UND UNZER VERLAG
Redaktion Körper & Seele
Postfach 86 03 25
81630 München
Fax: 089/41981-113
E-Mail: leserservice@ graefe-und-unzer.de

Über den Autor

Thorsten Tschirner hat Sport und Journalistik studiert und war zehn Jahre lang als Instructor im Fitness-Bereich tätig, zuletzt als Chef-Trainer eines großen Hamburger Clubs. Seit 1999 arbeitet er zudem erfolgreich als Personal Trainer.

Heute bringt er seine gesammelten Kenntnisse und Erfahrungen als Redakteur, Buchautor und Manager im Freizeit- und Fitnessbereich ein.